Clemens Kühn

Modulation kompakt

CLEMENS KÜHN

MODULATION KOMPAKT

Erkunden • Erleben • Erproben • Erfinden

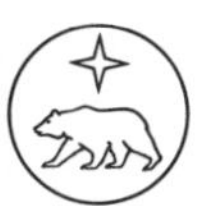

Bärenreiter

Kassel • Basel • London • New York • Praha

Dankesgabe an Jutta Schmoll-Barthel

Bibliografische Information der Deutschen Nationalbibliothek
Die Deutsche Nationalbibliothek verzeichnet diese Publikation
in der Deutschen Nationalbibliografie;
detaillierte bibliografische Daten sind im Internet
über www.dnb.de abrufbar.

Umschlaggestaltung: www.takeoff-ks.de, christowzik + scheuch, Kassel,
unter Verwendung einer Grafik von pico
Lektorat: Jutta Schmoll-Barthel
Korrektur: Daniel Lettgen, Sankt Augustin
Innengestaltung und Satz: Dorothea Willerding
Notensatz: Tatjana Waßmann, Winnigstedt
Druck und Bindung: GGP Media GmbH, Pößneck
ISBN 978-3-7618-2334-7
www.baerenreiter.com

Inhalt

Standpunkte

Vielfalt

Modulation, der Wechsel tonartlicher Ebenen, besitzt für Musik des 17. bis 19. Jahrhunderts zentralen Rang. In Musiktheorie ist sie ein so beliebter Prüfungsgegenstand wie gemiedener Teilbereich, da meist eingezwängt in schematische Abläufe, eingeteilt in schiefe Kategorien, beschädigt durch musikferne Vorgaben. »Rasch und sicher« soll es gehen, und das gern noch zwischen Tonarten, die nirgends komponiert wurden.

Doch Modulationen verlaufen nicht eindimensional. In der Regel greifen mehrere klangliche und – gern übersehen oder zu gering geschätzt – lineare Vorgänge ineinander, hinzukommen andere musikalische Eigenschaften: Satzart, Register, Instrumentation … Modulieren beinhaltet mehr, als mal eben einen Akkord umzudeuten und flott von A nach Y zu gelangen.

Das vorliegende Buch geht darum andere Wege: Es setzt stets bei lebendiger Musik an; ordnet Techniken des Modulierens historisch zu; bedenkt ihre formale, rhetorische, dramaturgische Bedeutung; bietet unterschiedlichste Aufgaben: Erfinden, Ausprobieren, Nachdenken, Spielen …; verlässt Vierstimmigkeit zugunsten variabler Satztypen; und bezieht Analysen ein.

Ohne Dreiteilung …

Für das Spielen von Modulationen empfiehlt ein gängiger Unterricht den Dreischritt: Befestigung der Ausgangstonart – Modulation – Befestigung der Zieltonart. »Befestigung« meint das Spielen einer Kadenz, um dadurch vermeintlich ein Bewusstsein für die jeweiligen Tonarten zu schaffen. In der praktischen Umsetzung bleibt das leere Mechanik, und eine angehängte Kadenz geht an jenen zahllosen Fällen vorbei, bei denen eine Kadenz *Teil* des Modulierens ist oder bei denen sie nur rudimentär erscheint oder gar nicht (in dem harmonischen Schweifen von Durchführungsmodulationen wären Kadenzen widersinnig, und unzählige Modulationen geschehen ohne sie).[1]

1 Zu Recht, wenn auch etwas pauschal, kritisiert Christian Möllers das »prinzipielle Mißverständnis«, eine »Modulation müsse Ausgangs- und Zieltonart klar und stabil repräsentieren. Das genaue Gegenteil ist richtig: Unklarheit und Labilität sind wichtige Modulationsmittel; nicht die affirmativ springende Kadenzharmonik, sondern die weich verfließende melodische Vermittlung herrscht vor« (*Vom Unsinn der Modulationslehre*, in: *Die Musikforschung* 29 [1976], S. 266).

Wesentlich scheint mir, das Prinzip einer Modulation zu erkennen und als abstrahierte Formel umzusetzen. Eine rhythmisch-motivische Einkleidung kann hinzutreten, muss aber zunächst nicht zwingend sein: Fruchtbarer, als sich krampfhaft damit abzuplagen, einer Formel so etwas wie Leben einzuhauchen, ist das Verstehen des modulatorischen Vorgangs selbst. Denn Modulationen sind derart vielfältig und individuell ausgestaltet, dass eine Modulations*lehre*, die praktikabel bleiben will, Grundzüge herausarbeiten muss: modulatorische Ideen.

… und ohne Schubladen

Der Mehrschichtigkeit von Modulationen werden Kategorisierungen nicht gerecht. Beliebt ist die Einteilung in »diatonisch« (auf die Stammtöne einer Tonart beschränkt), »chromatisch« (ein Fortschreiten in Halbtönen), »enharmonisch« (eine Umschrift von Tönen – z. B. *es* in *dis* – oder Klängen).

Auch diese Einteilung übernehme ich nicht: Sie ist methodisch griffig, aber musikalisch schief. Keine der drei Kategorien begründet einen eigenen, reinen Typus.

Strikte Diatonik ist nur möglich auf dem Weg von einer Molltonart zu ihrer parallelen Durtonart, beispielsweise von a-Moll nach C-Dur mit der Harmoniefolge: a-Moll, d-Moll, G-Dur, C-Dur, oder verkürzt (ohne die IV. Stufe d-Moll): a-Moll, G-Dur, C-Dur; entscheidend sind darin jedoch die fallenden Quintschritte der Grundtöne (*a-d-g-c* oder verkürzt: *g-c*), nicht die Diatonik, und sie rechtfertigt keine gesonderte Rubrik.

Norm ist der Weg über den neuen Leitton, der (bei Modulationen in der Quintenreihe aufwärts) schon Chromatisierung mit sich bringt. Im Kopfsatz seiner »Sonata facile« C-Dur KV 545 leitet Mozart mit dem Leitton *fis* nach G-Dur. Das kleine Beispiel lehrt, dass Abgrenzungen nahezu unmöglich sind: Streng genommen müsste die Stelle, da das *fis* im Bass in T. 10 durch chromatischen Schritt vom *f* her entsteht, unter »chromatische Modulation« firmieren – das aber wird kein Musiker im Ernst behaupten.

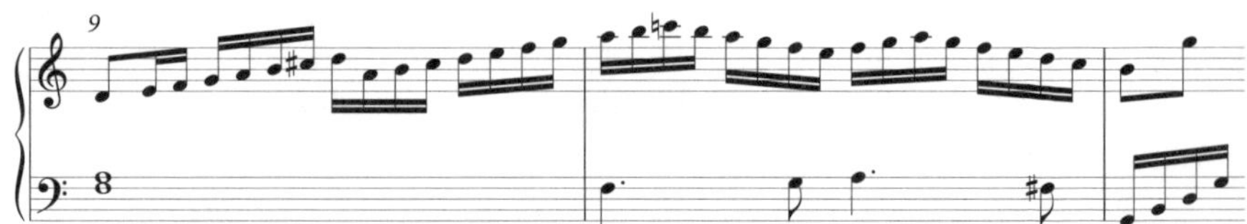

Eine »enharmonische Modulation« betrifft allenfalls den Bedeutungswandel von verminderten Septakkorden, übermäßigen Quintsextakkorden oder (ohnehin selten) übermäßigen Dreiklängen. Was sonst darunter gehandelt wird, ist eine pragmatische Umschrift, ohne die man möglicherweise in abstruse Tonarten geriete. Wenn Schubert in seinem Impromptu op. 90 Nr. 2 nach einem Ges-Dur-Akkord einen neuen Teil in h-Moll beginnt, ist das eine oder das andere »falsch«: *Ges*-Dur ist zu der Kreuztonart h-Moll eigentlich die Dominante *Fis*-Dur, *h*-Moll ist zu der b-Tonart Ges-Dur eigentlich *ces*-Moll. Das ist ein merklicher Tonartenwechsel – der Teil davor stand in Es-Dur –, aber eine »enharmonische Modulation« ist es nicht.

Musik

Es klingt so selbstverständlich, dass man sich fast geniert, es auszusprechen: Eine Modulationslehre muss *von Kompositionen ausgehen*, nicht von didaktisch motivierten Regeln oder theoretischen Systemen oder erdachten harmonischen Routen und Tonarten. Dass das vorliegende Buch (das im Unterricht wie zum Selbststudium verwendet werden kann) vorzugsweise Klavierliteratur heranzieht, hat einen praktischen Grund – sie beansprucht weniger Platz, sodass mehr Beispiele gebracht werden können – und einen wichtigeren musikalischen Grund: Man kann sie *selbst spielen*. Gut wäre es darum, hätte der Leser die Klaviersonaten zumindest von Mozart und Beethoven zur Hand. Sollte die eigene Fingerfertigkeit nicht ausreichen, bringt es mehr, sich ein Beispiel zu vereinfachen oder nur einzelne Stimmen zu spielen, statt das Beispiel lediglich zu lesen oder zu einer Aufnahme zu greifen.

Hinzutreten sollen: *Üben*, um die Wendigkeit im harmonischen Denken zu trainieren; *Analysieren*, um Tonartenwechsel zu erkunden und zu erleben; und – dort, wo es möglich ist – *Erfinden*, um einen Sachverhalt durch handgreifliches Selbermachen nachzuvollziehen.

Bei all dem hat das Buch eine offene Form: Seine Kapitel bauen nicht aufeinander auf. Wer mag, kann also auch hinten einsteigen, beispielsweise mit *Begriffliches* beginnen.

Mein großer Dank geht an Doro Willerding, die das Layout besorgte, an Daniel Lettgen, der den Text mit beeindruckender Sorgfalt Korrektur las, und – wieder einmal – an Jutta Schmoll-Barthel: Ihr Lektorat, ihr Engagement und ihr Mitgehen sind ganz besonders.

Dresden, im April 2013 Clemens Kühn

Harmonische Verwandtschaften

Üblich ist es heute, von *Quintverwandtschaft* oder *Terzverwandtschaft* zu reden (C-Dur und G-Dur sind, dem Abstand ihrer Grundtöne folgend, quintverwandt, C-Dur und a-Moll sind terzverwandt) und eine Terzverwandtschaft als *direkt* (z. B. C-Dur und a-Moll) oder *entfernt* (z. B. C-Dur und A-Dur) zu bezeichnen.

Im Vergleich dazu entwarf das 18. Jahrhundert ein differenziertes Bild, das von drei Prinzipien ausging: von Verwandtschaftsgraden, Rangordnungen, Empfindungen.

Verwandtschaftsgrade

Johann Philipp Kirnberger (1776, S. 106)[2] spricht von »Graden der Verwandtschaft« zwischen Tonarten: Neben den »Hauptton« treten die Tonarten auf den leitereigenen Stufen als »Nebentonarten«, ausgenommen in Dur die VII. Stufe und in Moll die II. Stufe wegen ihrer verminderten Dreiklänge. (»Ton« bedeutet im 18. Jahrhundert Tonart – der *Hauptton* ist also die Haupttonart – und auch Tonleiter.) C-Dur hat die fünf »unmittelbaren«, »nächstverwandten« Nebentonarten d, e, F, G, a; in a-Moll sind es C, d, e, F, G.

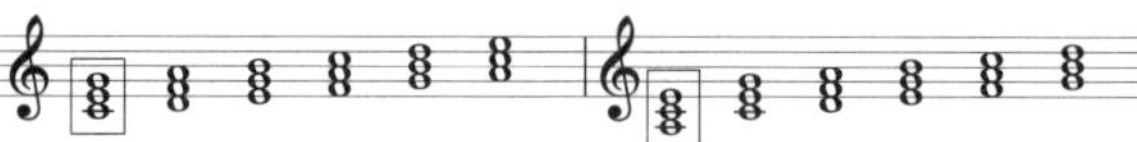

Tonarten, die darüber hinausgehen, gelten bereits als »entfernt«. Kirnberger differenziert sie wiederum in »erste« und »zweite Grade«; hier sein Schaubild (S. 122) für Dur:

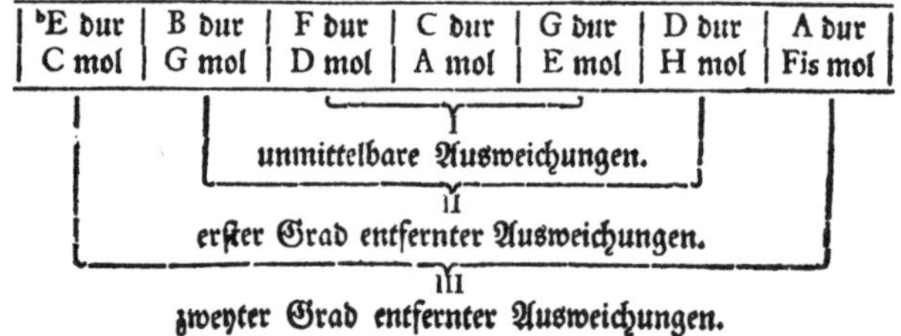

♭E dur	B dur	F dur	C dur	G dur	D dur	A dur
C mol	G mol	D mol	A mol	E mol	H mol	Fis mol

I
unmittelbare Ausweichungen.

II
erster Grad entfernter Ausweichungen.

III
zweyter Grad entfernter Ausweichungen.

2 Vollständige Quellenangaben stehen jeweils unter »Literatur« auf S. 112.

Unschwer zu sehen ist die fortschreitende Entfernung gemäß der Quintenreihe: Je weiter es nach »oben« und »unten« geht, desto größer ist der Abstand zur Haupttonart. (»Quinten*reihe*« ist begrifflich angemessener als »Quinten*zirkel*«, weil Quintschritte aufwärts: C-G-D-A-E … oder abwärts: C-F-B-Es-As … prinzipiell unendlich sind und zu einem »Zirkel« nur zusammengebogen werden durch Umschrift von Tönen.)

Üben

1. Eine Zahl aus 2 bis 6 einer Durtonart zuordnen und zügig die *Nebentonart* der entsprechenden Stufe benennen: 6 in D = h, 3 in Es = g, 4 in H = E …; dasselbe Spiel mit den Zahlen 3 bis 7 für Molltonarten.

2. In diversen Dur- und Molltonarten: Wie lauten die jeweils *quintverwandten* Tonarten abwärts und aufwärts?

3. In verschiedenen Tonarten *Terzverwandtschaften* durchdenken:
Zu C-Dur direkt terzverwandt sind a-Moll und e-Moll.
Zu C-Dur entfernt terzverwandt (*Medianten*) sind A-Dur, As-Dur, as-Moll sowie E-Dur, Es-Dur, es-Moll. (Die Begriffe »Mediante«, »Mediantik«, »mediantisch« sollten – statt sie für alle Terzbeziehungen zu nutzen – auf *entfernte* Terzverwandtschaften beschränkt werden.)

Nähe bzw. Ferne ergeben sich aus der Anzahl gemeinsamer Töne: *zwei* zwischen C-Dur und a-Moll, *einer* zwischen C-Dur und E-Dur, *keiner* mehr zwischen C-Dur und as-Moll.

Spielen

Unterschiedlichste Akkordfolgen spielerisch »ausprobieren« (Beispiele: C-Fis, a-D, D-h-G-E, Cis-A-F …), ihrer klanglichen Wirkung nachspüren, ihre Nähe oder Ferne genauer definieren. (Auf Melodieinstrumenten – oder singend – können Klänge arpeggiert werden.)

Rangordnungen

Die Verwandtschaften gehorchen einer *Hierarchie*.

▸ Vorrangiges Modulationsziel in *Dur* ist die V. Stufe (Dominante/D), dann die VI. Stufe (Mollparallele/Tp).

▸ Vorrangiges Modulationsziel in *Moll* ist die III. Stufe (Durparallele/tP), dann die V. Stufe (bei Moll ist es angebracht, zwischen »V. Stufe« = Moll und »Dominante« = Dur zu unterscheiden).

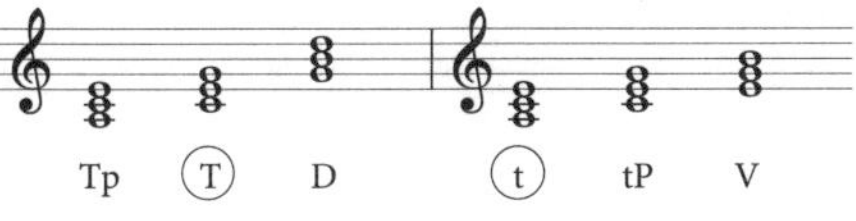

Die VI. Stufe in Dur und die V. Stufe in Moll sind als Modulationsziele vor allem in barocker Harmonik wichtig (vgl. S. 27 und S. 42 »Zwischenspiele«).

Analysieren

Will man zügig irgendwohin, wählt man eine andere Strecke, als wenn man Zeit hat und womöglich Muße, irgendwo noch zu verweilen. Man vergleiche *nur daraufhin* einmal die Kopfsätze von Beethovens Klaviersonaten B-Dur op. 22 und D-Dur op. 28. Beide gehen zur Dominante des zweiten Themas (op. 22: F-Dur in T. 22, op. 28: A-Dur definitiv erst in T. 91, aber wie verläuft ihr Weg dorthin?).

Empfindungen

Kurze Sätze können sich, so Heinrich Christoph Koch (1787, S. 174ff.), mit *einer* Nebentonart begnügen, und sie vertragen keine »weit entfernten Töne«. Außer dieser Beziehung zwischen Format und Harmonik gibt es ästhetische Gründe für den Grad der Entfernung: Das Modulationsziel hängt vom Affekt ab. Koch beschreibt das plastisch:

> »Angenehme und ruhige Empfindungen verlangen ihrer Natur gemäß [...] solche Ausweichungen, die nicht scharf und auffallend auf unser Gefühl würken. [...]
>
> Heftige und verdrießliche Empfindungen hingegen verlangen nicht nur eine öftere Abwechslung der Tonarten, [...] sondern sie vertragen sich auch oft sehr gut mit auffallenden und harten Ausweichungen, [...] bei welchen die wechselnden Tonarten nicht in den nächsten Graden verwandt sind.«

Zur »Erweckung solcher Empfindungen«, so Koch, werden »entfernteste Ausweichungen« vor allem »in der Vocalmusik und in dieser besonders im Rezitativ oder in dem Accompagnement [instrumentale Begleitung]« gebraucht.

Hören und Lesen

▶ Beethoven, *Fidelio*, Beginn des zweiten Aktes, Introduktion und Arie bis zum Adagio cantabile. Das Beispiel ist kompliziert: Eine harmonische Analyse verlangt fortgeschrittene Kenntnisse. Wer sich dem noch nicht gewachsen fühlt, kann auch im *Hören* allein das musikalisch-harmonisch Extreme und die rhetorische Angespanntheit erfahren und, dadurch geleitet, vielleicht die eine oder andere Stelle genauer anschauen.

▶ Bach, *Johannes-Passion*, aus dem Rezitativ Nr. 18 (»Er leugnete aber und sprach«) die Schlusszeile: »und ging hinaus und weinete bitterlich«. Man scheue nicht die Mühe, den Generalbass auszusetzen. Auch für dieses Beispiel gilt ansonsten das für Beethovens Arie Gesagte.

Mit fast den gleichen Worten wie Koch hatte bereits Kirnberger (1776, S. 104) die Nähe oder Ferne von Tonarten mit »Empfindungen« verknüpft: mit »angenehmen und sanften Empfindungen« oder »heftigen und oft abwechselnden Affekten«. Dieser Grundgedanke hat sich – unabhängig von Modulation – bis in die Romantik gehalten: In seinem kleinen Aufsatz *Charakteristik der Tonarten* bemerkt Robert Schumann: »Einfachere Empfindungen haben einfachere Tonarten; zusammengesetzte bewegen sich lieber in fremden, welche das Ohr seltener gehört.«

Standards in Barock und Klassik

Leitton

Fundamental ist die auf S. 11 genannte Tonarten-Hierarchie: Sätze in *Dur* zieht es zunächst zur *Dominante*, Sätze in *Moll* zur *Durparallele*. Das wirkt sich in unterschiedlichen Größenordnungen aus:

- In der klassischen *Syntax*: bei modulierenden Themen (»Syntax« ist in der Sprache die Lehre vom Satzbau, analog bezeichnet »Syntax« in der Musik die Art des Themenbaus)
- In den *harmonischen Ebenen* klassisch-romantischer *Sonatensätze*: für die Tonart zweiter Themen
- In der *harmonischen Architektur* barocker Sätze

Syntax

Die zwei folgenden Beispiele stammen aus Klaviersonaten Haydns. Beim ersten Beispiel beachte man, was T. 3/4 von T. 1/2 beibehält. Das zweite Beispiel ist raffiniert: Wie hört man von vorne (g-Moll) her den vierten Takt, und was bedeutet er von hinten (B-Dur) her?

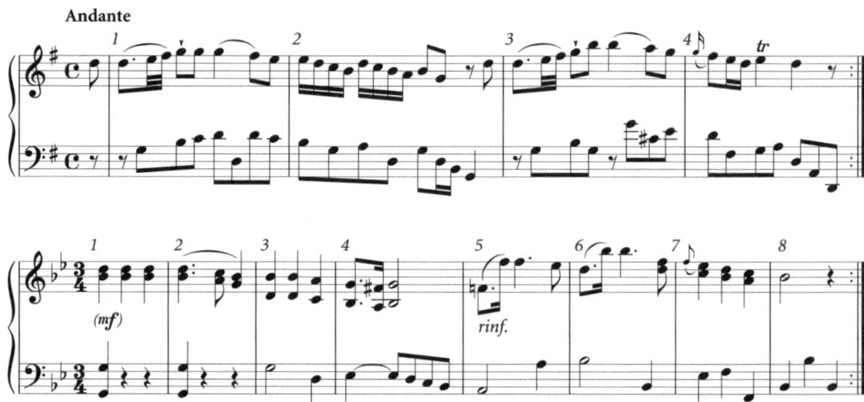

Einen Grundsatz hat C. Ph. E. Bach in seiner Klavierschule (II, 1762, S. 330/331) so formuliert: Der *Leitton* und seine »geschickte Ergreifung« sei der »Schlüssel zu allen natürlichen Ausweichungen«. »Ergreifung« des Leittons bedeutet zugleich Einführung der Dominante der neuen Tonart: »Die Ausweichung«, heißt es bei Kirnberger (1776, S. 112), wird »dadurch vorbereitet«, dass man »auf die Dominante des neuen Tones kommt«. Noch Adolf Bernhard Marx (1837, S. 188ff.) bezeichnet den Dominantseptakkord der neuen Tonart als »erstes Modulationsmittel«. (Die verengte Lehrmeinung, Modulation beruhe auf Funktionsumdeutung – ein Akkord der alten Tonart erhalte in der neuen Tonart eine andere Bedeutung –, kam erst mit Hugo Riemann im Übergang zum 20. Jahrhundert auf.)

Eine Spezialität der Klassik ist es, vorher die Tonika der Ausgangstonart durch ihre *Sexte* an Stelle der Quinte zu verändern. Bei der Durtonika (T) oder Molltonika (t) schwächen T^6, t^6 und $t^{6<}$ (= die Sexte hochalteriert) die tonikale Eindeutigkeit: Rückblickend, aus der Sicht der Zieltonart (der Dominante bzw. Durparallele oder der V. Stufe), werden sie zur *Subdominante*. Das folgende Notenbeispiel zeigt das in simpelsten Kurzfassungen; bitte dennoch, um das Prinzip klingend nachzuvollziehen, in verschiedenen Tonarten spielen:

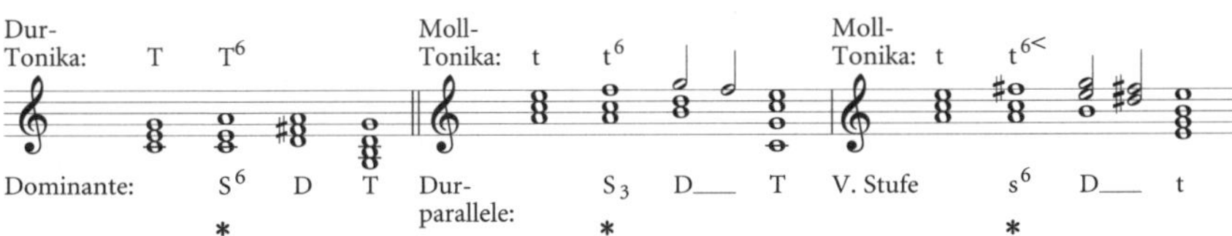

Man spiele, höre, bedenke daraufhin diese drei Beispiele (Haydn, Klaviersonate G-Dur Hob. XVI: 40, Finale; Haydn, Sinfonie g-Moll Nr. 83, erster Satz, T. 17–22, Part der Streicher; Beethoven, Bagatelle Nr. 5 c-Moll, T. 5–8, aus *Elf neue Bagatellen*, op. 119):

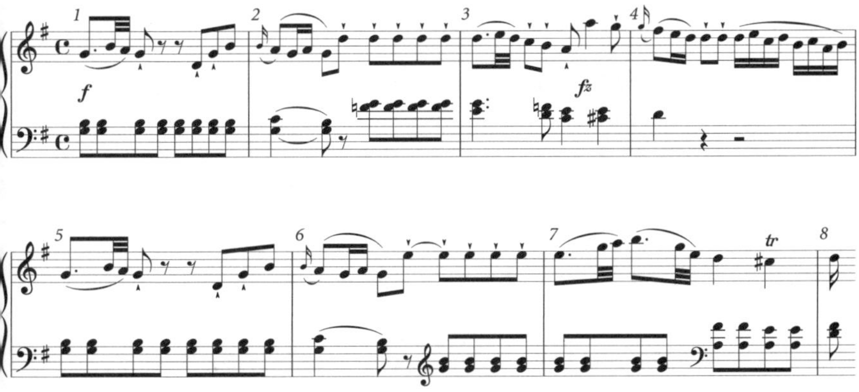

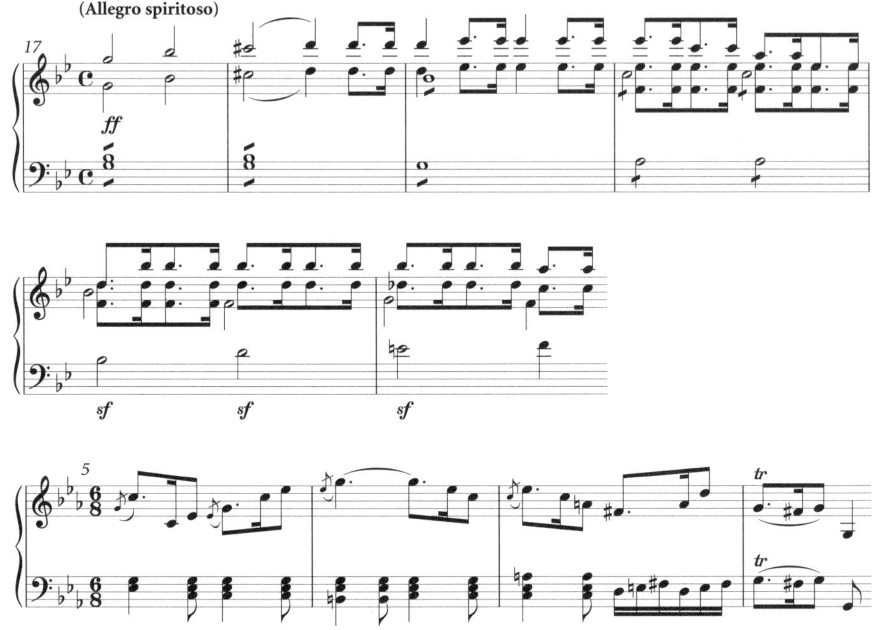

Das erste Thema übrigens leitet in T. 4 zum Halbschluss, indem es vorher den neuen Leitton *cis* mit einem chromatischen Schritt einführt, der den Klang *c-e-a* zu cis-*e-a* »dominantisiert«. Zu solchen Verfahren der Klassik, einen neuen Leitton einzuführen, siehe S. 20f.

Üben

In verschiedenen Dur- und Molltonarten (am besten vorweg durcheinander auf einem Zettel notieren) jeweils so zügig wie möglich nennen:

- Die *Dominanten* und ihre *Leittöne*
- Die Töne der T^6 und t^6 (bei der t^6 mit leitereigener *und* mit hochalterierter Sexte)

Analysieren

Themen aus Klaviersonaten:

- Mozart, D-Dur KV 284, Finale, T. 1–8: Beachtenswert: die motivischen Analogien und Abwandlungen im Nachsatz, T. 5–8. C-Dur KV 330, Finale, T. 21ff.: Wie wird später (wo?) die Dominante G-Dur erreicht? Beethoven, g-Moll op. 49 Nr. 1, Rondo, T. 20ff.: Wie wird später (wo?) die Durparallele erreicht?
- Was passiert satztechnisch und harmonisch in diesem Trio-Thema Haydns (Klaviersonate A-Dur Hob. XVI : 5)?

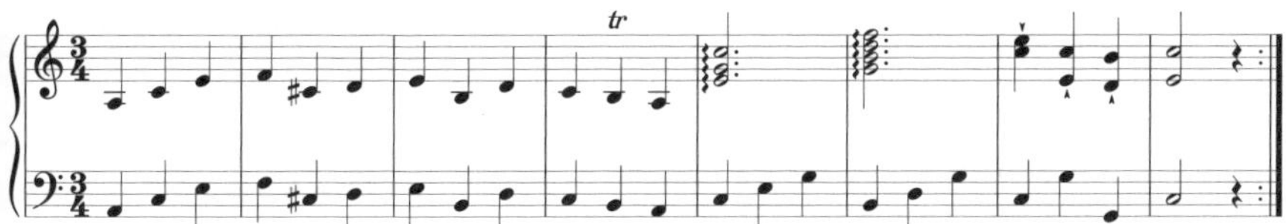

- Beethoven, A-Dur op. 2 Nr. 2, Finale, T. 1–8: Zu welcher Harmonie in T. 7 fällt hier die Basslinie ab T. 4?

Die Takte 1–8 im Trio derselben Sonate, das ganz aus der Idee »Terz« heraus erfunden ist, modulieren nicht zur Durparallele, sondern zur V. Stufe – aber was geschieht dafür harmonisch in T. 9ff.?

Sonate f-Moll op. 2 Nr. 1, Menuetto: Der Anfang endet in der Durparallele, »moduliert« aber nicht, sondern … Das *nicht* vermittelte, einfache Nebeneinander von Molltonika / Durparallele gibt es oft in der Klassik.

Erfinden

Beim Erfinden geht es *nicht* darum, eine besonders anspruchsvolle Lösung zu suchen – in der irrigen Annahme, dadurch den Abstand zum Niveau des Originals zu verringern. Ein simples, aber treffendes Ergebnis ist besser als ein kompliziertes, aber verfehltes.

Zu diesem Viertakter (Clementi)

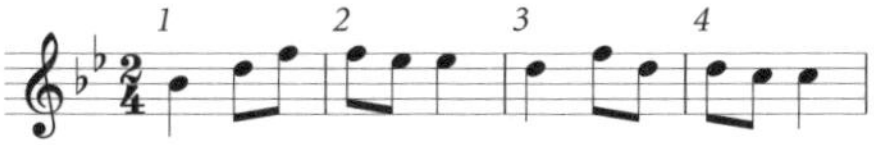

einen Nachsatz zu erfinden, der zur Dominante moduliert, könnte so ablaufen:

- Ausgangstonart und Zieltonart erkennen: hier B-Dur und F-Dur.
- Leitton und Dominantakkord der Zieltonart benennen: hier zu F-Dur *e* und *c-e-g*.
- Vom Schluss her rückwärts denken, z. B. so: In T. 8 steht das Ziel; T. 7 bringt dessen Kadenz; der Leitton *e* könnte auch vorher schon eingeführt werden.
- Überlegen, was wieweit motivisch beibehalten werden kann.
- Zur Anregung zwei Lösungsideen: In (a) bewahrt T. 6 noch den T. 2, in (b) führt T. 6 schon den neuen Leitton ein.

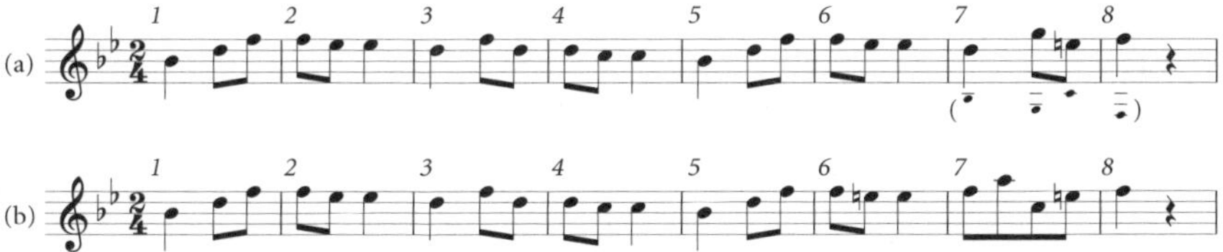

In ähnlicher Weise können die folgenden Themen bearbeitet werden. Wem *Ein*stimmigkeit leichter fällt, kann sich auch die Melodiestimme herausziehen.

- Die Nachsätze (T. 5–8) dieser Themen Mozarts so verändern, dass sie zur Dominante modulieren:

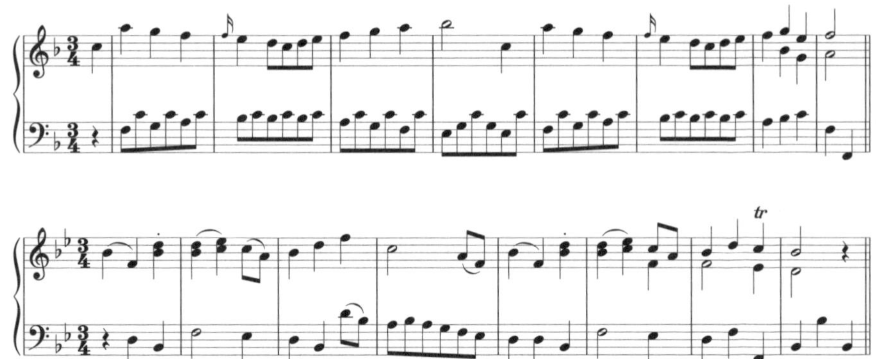

▶ Die folgenden Dur-Anfänge (Mozart, Haydn, Johann Christian Bach, Beethoven) zu einem modulierenden Thema ergänzen:

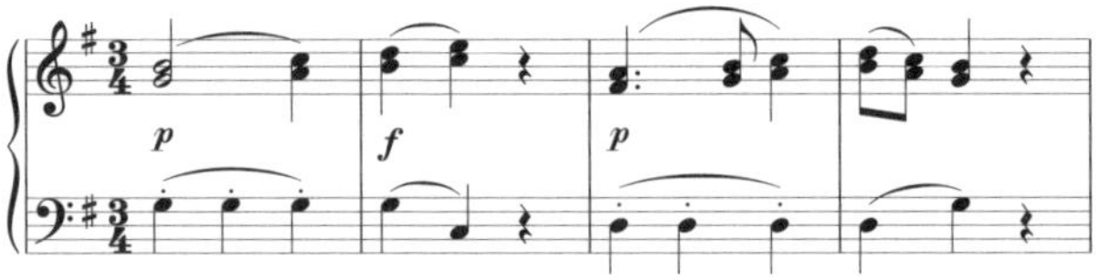

p f p

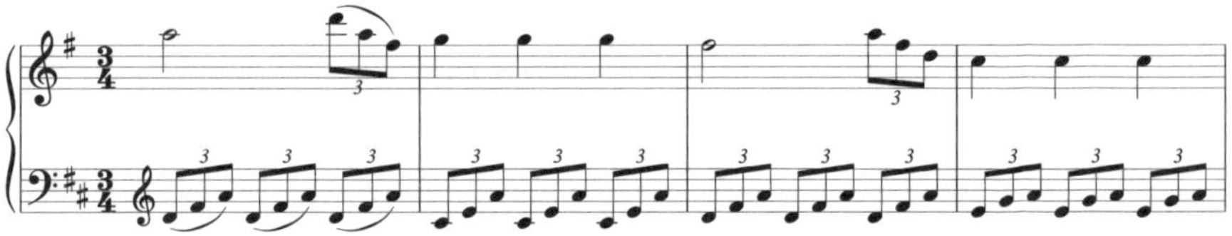

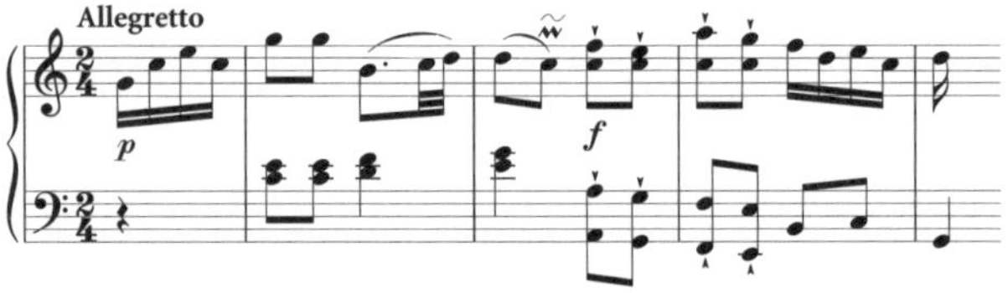

Allegretto

p f

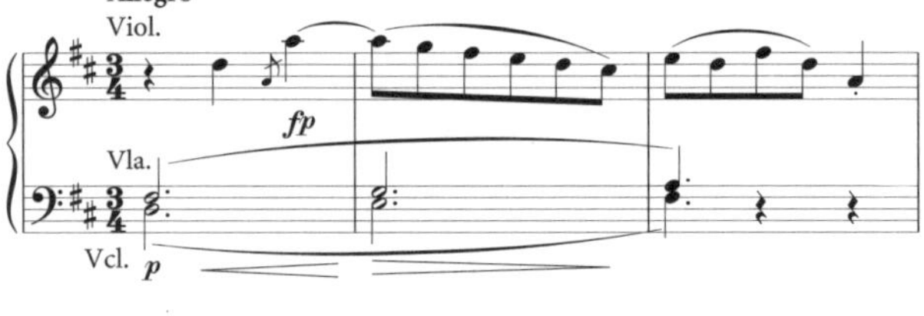

Allegro

Viol.

fp

Vla.

Vcl. p

▶ Die folgenden Moll-Anfänge (Pleyel, Haydn, Beethoven) zur Durparallele führen:

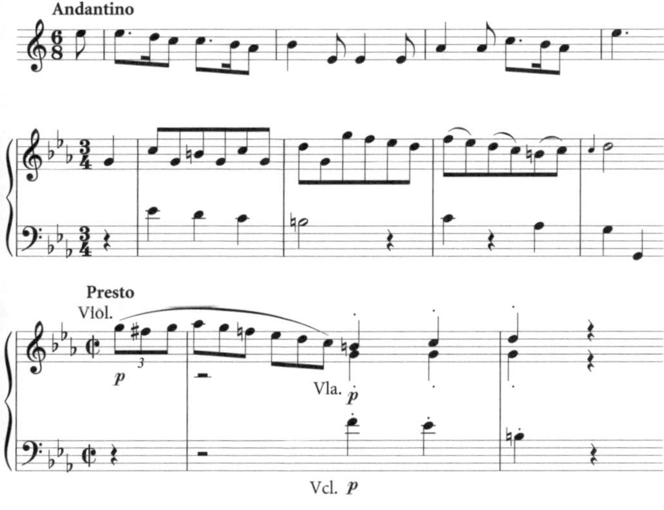

Sonatensätze

Die tonartlichen Ebenen klassisch-romantischer Sonatensätze wirken formbildend: Das zweite Thema setzt sich vom ersten nicht nur im Charakter, sondern auch durch seine Harmonik ab. Normhaft steht das zweite Thema eines Sonatensatzes in *Dur* in der *Dominante*, das zweite Thema eines Sonatensatzes in *Moll* in der *Durparallele*. Weil dies die Regel ist, gewinnen Abweichungen einen ganz besonderen Ausdruck, verbunden mit dem je eigenen Themencharakter: in Beethovens Klaviersonate *C*-Dur op. 53 das *E*-Dur, in seiner Klaviersonate *e*-Moll op. 90 das *h-Moll* der zweiten Themen im Kopfsatz.

Dur

Nicht selten führen Sätze in Dur nur zu einem Halbschluss. Im ersten Satz von Mozarts Klaviersonate G-Dur KV 283 laufen die überleitenden Takte 16–22 auf den Halbschluss D-Dur zu, das einfach als neue Tonart des unmittelbar anschließenden zweiten Themas fungiert. Das Gleiche passiert im Kopfsatz – wo? – der Klaviersonate B-Dur KV 281. Auch in Haydns Klaviersonaten finden sich dafür Beispiele, so im Kopfsatz der großen D-Dur-Sonate Hob. XVI:37.

Sofern aber Sonatensätze in Dur nicht lediglich einen Halbschluss setzen, kennt die Klassik zwei Möglichkeiten. Eine modulierende Überleitung führt zur *Dominante*, wie im Kopfsatz von Beethovens Klaviersonate op. 49 Nr. 2 (siehe das erste Notenbeispiel auf S. 20), oder zur *Dominante der Dominante* (»Doppel-

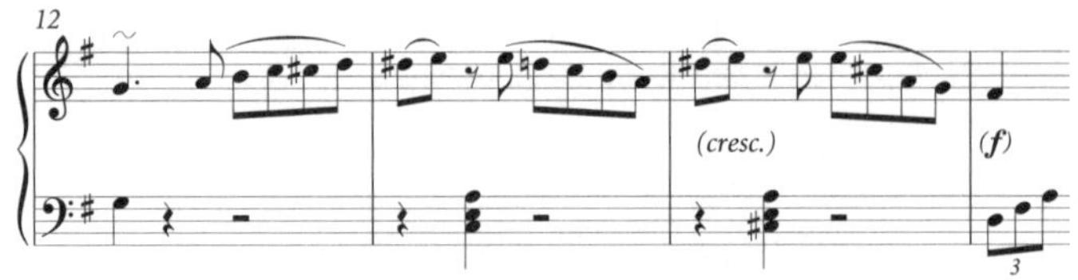

dominante«), wie im Beispiel S. 21 unten, Haydns C-Dur-Sonate: Indem der Dominante ihre *eigene* Dominante vorangeht, erhält sie wirklich den Rang einer neuen Tonika.

Charakteristisches Signal ist die Einführung des neuen *Leittons*. Drei Verfahren sind dafür üblich:

▸ Der Leitton wird mit einem *chromatischen Schritt* im Bass eingeführt, wie eben im Beispiel Beethovens.

In der Klassik ist dies in Dur ein Standard: die Subdominante (S) zu bringen, dann mit Sexte statt Quinte (S^6) und danach ihren Grundton zu erhöhen. Dadurch entsteht die Doppeldominante, in C-Dur: aus der S^6 f-*a*-*d* die Doppeldominante fis-*a*-*d*, die zur Dominante G-Dur führt.

Man kann es sich auch linear vorstellen: Der vierte Skalenton der Ausgangstonart – in C-Dur der Ton *f* – wird chromatisch erhöht (vgl. S. 8 Mozarts »Sonata facile«). Ein schönes Beispiel gibt auch Beethovens Klaviersonate G-Dur op. 79, erster Satz, in dem nur *zwei*stimmigen T. 11: Der chromatische Bassschritt vom *c*, dem vierten Skalenton in G-Dur, zum *cis* leitet zur Dominante D-Dur in T. 12.

▸ Der Leitton wird mit einem *Sprung* im Bass eingeführt, wie im ersten Satz von Mozarts Klaviersonate C-Dur KV 309:

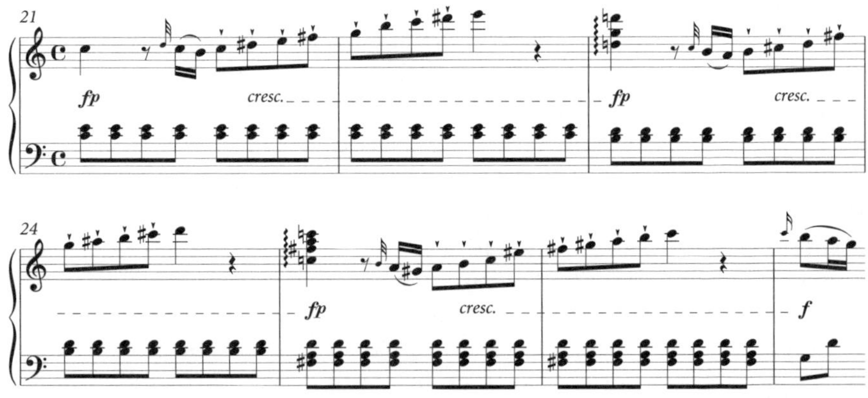

▸ Der Leitton wird *melodisch-motivisch* eingeführt. Dafür zwei Beispiele von Haydn:

Am Anfang des Menuetts aus Haydns Klaviersonate As-Dur Hob. XVI : 43

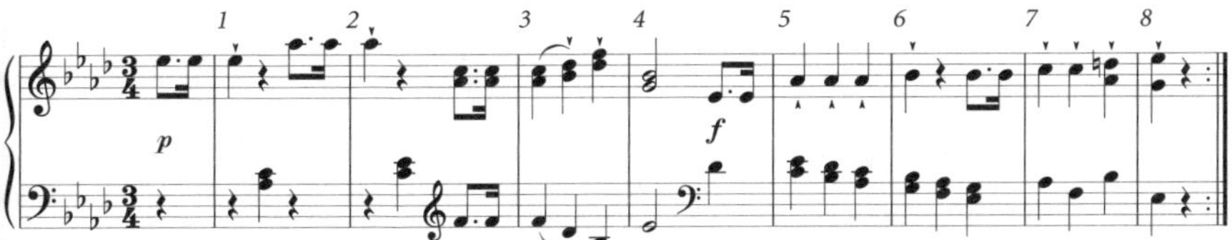

bringt die Melodie von T. 7 den neuen Leitton im Dominantseptakkord von Es-Dur. As-Dur und f-Moll in T. 7 sind von vorne her (As-Dur) die Tonika (T) und ihre parallele Molltonart (Tp); von hinten her (Es-Dur) sind sie Subdominante (S) und ihre parallele Molltonart (Sp):

Tonika:	T	Tp		
	≈	≈		
Dominante:	S	Sp	D^7	T

Diese Formel kommt in der Klassik häufig vor; sie sollte darum in verschiedenen Durtonarten gespielt werden.

Haydn, Klaviersonate C-Dur Hob. XVI:35, erster Satz: Wozu wird in T. 23 der bisherige Grundton *c*? Man beachte danach auch den Bass in T. 24. Und was passiert später in T. 31?

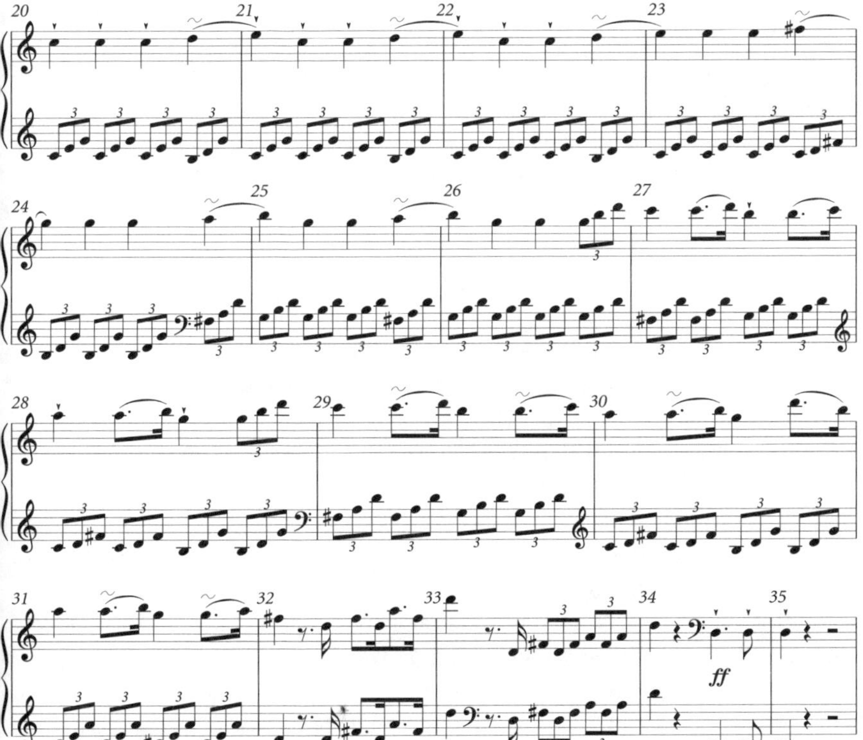

Notieren

Möchte man sich das Gerüst einer Modulation aufschreiben, ist es je nach Neigung in unterschiedlicher Weise darstellbar – am Beispiel Mozarts (S. 20, KV 309) veranschaulicht: als bezifferter Bass; in Funktionszeichen; als zweistimmiger Satz aus Bass- und Oberstimme; dreistimmiger oder vierstimmiger Akkordsatz; als bloße Tonarten (eine Ziffer am Fuß des Buchstabens kann den Akkordton angeben, der im Bass liegt).

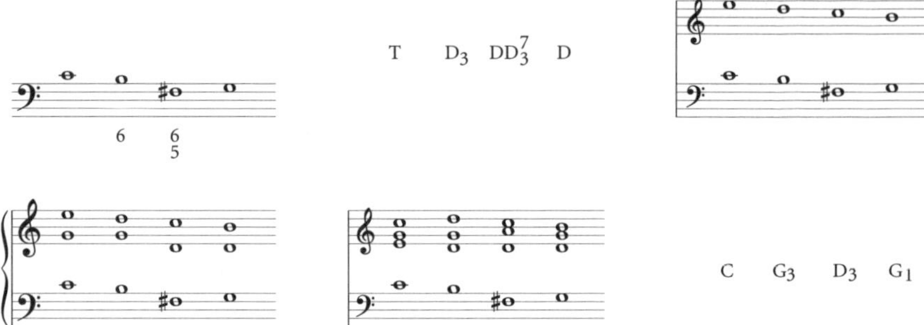

Analysieren

Beliebt sind Kombinationen: zunächst zur Dominante zu führen, dann mit chromatischem Schritt zur Doppeldominante.

Mozart, Klaviersonate B-Dur KV 333, erster Satz: Das erste Thema endet, deutlich mit Kadenz, in T. 10. Dann setzt es eine Oktave tiefer erneut an, aber … Was behält T. 11/12 von T. 1/2, und was ist anders? Wie wird dann die Doppeldominante erreicht?

Üben

Zum tieferen Verständnis der Beziehung zwischen Durtonarten:

- In der Quintenreihe *auf*wärts ist der neue Leitton jeweils leiter*fremd*: Von D-Dur nach A-Dur ist der Leitton *gis* zu A-Dur in D-Dur leiterfremd.
- In der Quintenreihe *ab*wärts ist der neue Leitton jeweils leiter*eigen*: Von D-Dur nach G-Dur ist der Leitton *fis* zu G-Dur in D-Dur leitereigen.

Zwei Standards liegen darum nahe:

- Den leiter*fremden* Leitton mit seiner Dominante »geschickt« (C. Ph. E. Bach) einzuführen, z. B. durch einen *chromatischen Schritt*, im Beispiel D-Dur nach A-Dur: *g* ⟶ *gis*.
- Den leiter*eigenen* Leitton mit seiner Dominante durch die *kleine Septime* zu stärken, im Beispiel D-Dur nach G-Dur: den Leitton *fis* von G-Dur durch die Septime *c*.

In Schuberts Lied *Halt!*, Nr. 3 der *Schönen Müllerin*, moduliert der Vordersatz des Sängers, T. 12–15, von C-Dur nach F-Dur mit dem C^7: Die Ausgangstonart C selbst wird Dominante. Schon Kirnberger (1776, S. 111) beschreibt eine solche Modulation so: Die »große Terz von C« könne F-Dur »nicht ankündigen, weil sie auch zum Ton C dur gehört. In diesem Fall thut die kleine Septime den Dienst der Ankündigung der neuen Tonart, weil sie der Tonart C dur fremd ist.«

Diese zwei Standards bitte durchspielen, in Gedanken oder am Instrument:

- Quinte aufwärts: F → C / Des → As / B → … / A → … / Es → … / …
- Quinte abwärts: B → Es / D → G / As → … / E → … / Ges → … / …

Moll

Eine Molltonart (c-Moll) und ihre Durparallele (Es-Dur) sind eng verwandt: Ihre Grundklänge haben zwei gemeinsame Töne (c-Moll und Es-Dur: *es* und *g*), sodass eine Modulation zur Durparallele nicht weit auszuholen braucht; oft stehen in der Klassik die Ebenen einer Molltonika und ihrer Durparallele sogar *unvermittelt* nebeneinander (vgl. S. 16f. unter »Analysieren« die Beispiele von Haydn und Beethoven).

Einen einfachen Weg zur Durparallele bieten fallende Quintschritte, wie sie auf S. 8 schon angesprochen wurden. Beethovens »Mondschein«-Sonate op. 27 Nr. 2 moduliert in den Takten 7–9 von cis-Moll zur Durparallele E-Dur mit der Tonartenfolge cis-fis-H⁷-E; ihre Grundtöne fallen in Quinten. Mozarts Klaviersonate c-Moll KV 457 moduliert in den Takten 19–23 von c-Moll zur Durparallele Es-Dur mit der Tonartenfolge c-B⁷-Es (statt des längeren Weges c-*f*-B⁷-Es). Die verkürzte Form ist harmonisch typisch, individuell sind die geballte Konzentration und der energische Charakter:

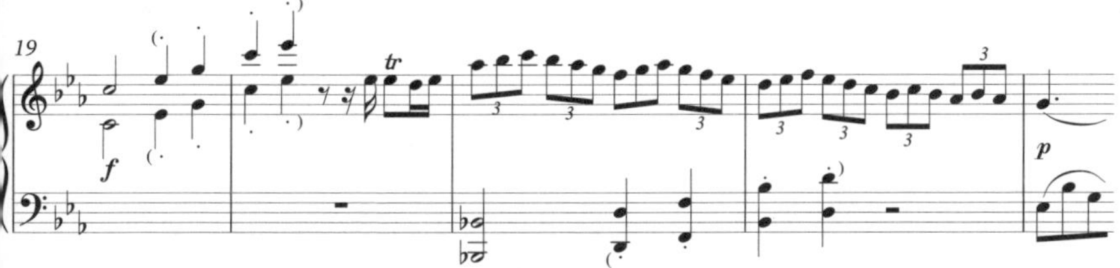

Sonatensätze in Moll führen anstatt gleich zur Durparallele auch gern zunächst zur *Dominante der Durparallele*. Ein Beispiel gibt der erste Satz von Beethovens Klaviersonate c-Moll op. 10 Nr. 1: In T. 56 beginnt das zweite Thema in der Durparallele Es-Dur, die Überleitung zuvor (Beginn: T. 32) moduliert zur Dominante von Es-Dur: B-Dur (T. 48), das sich in einer achttaktigen Fläche über dem Orgelpunkt *b* ausbreitet.

Hier die ersten 17 Takte von Beethovens Sonate g-Moll op. 49 Nr. 1 mit der Bitte um genauen Nachvollzug. Die Themenwiederholung (wo?) wird (wie?) abgewandelt, wendet sich dadurch nach … Harmonisches und Lineares greifen ineinander: Die gedrängte Modulation ist getragen von einer Sextenkette, die in T. 12 mit *c-a* in den Unterstimmen beginnt, in T. 13 …

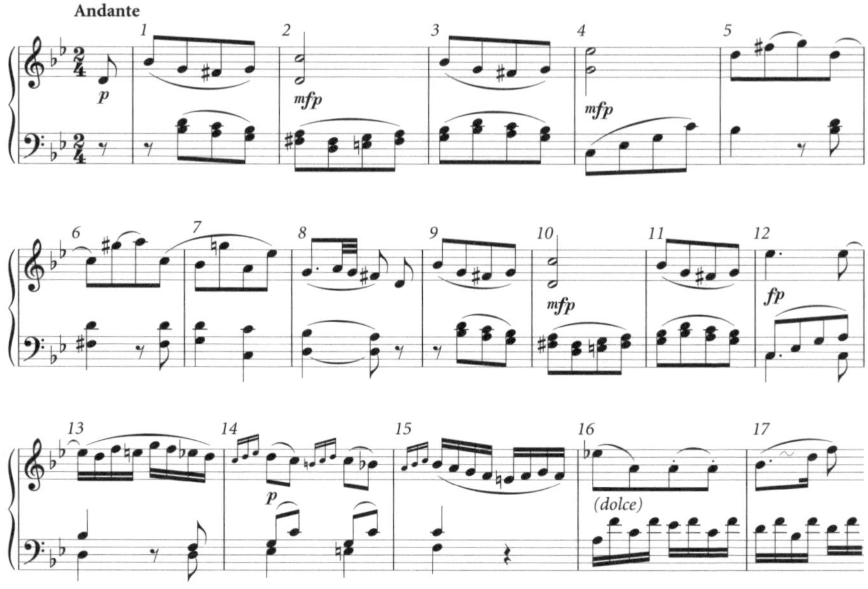

Analysieren

Zum Vergleich studiere man den Anfang von Mozarts Klaviersonate a-Moll KV 310. Auch hier verwandelt sich die Wiederholung (T. 9ff.) des ersten Themas. Welche harmonischen Stationen werden dann berührt? Was ist schließlich das harmonische Ziel? Wo beginnt das zweite Thema?

Erfinden

Mit den folgenden Takten beginnt eine Sonatine von Anton Eberl, einem Zeitgenossen Mozarts; nicht nur das Unisono erinnert an dessen Klaviersonate C-Dur KV 309:

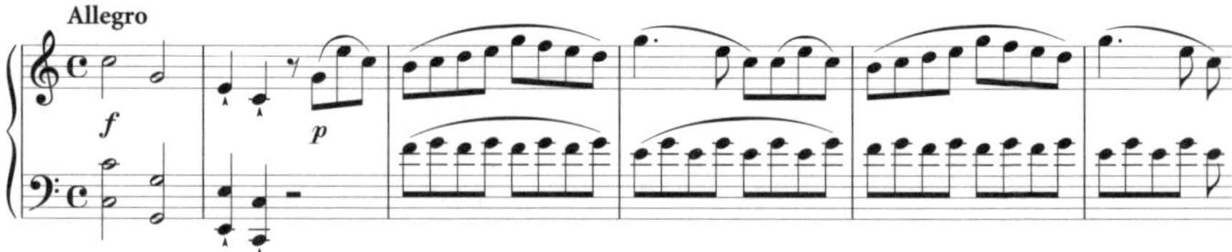

Drei Anregungen (alle drei lassen sich, gestützt auf die Oberstimme, auch in der Einstimmigkeit eines Melodieinstrumentes realisieren):

- Diesen Anfang (mit T. 3 plus Auftakt als erstem Takt) zu acht Takten ergänzen: mit Halbschluss T. 4 und Ganzschluss T. 8; alternativ: acht Takte Vordersatz zur Dominante, acht Takte Nachsatz zur Tonika zurück.

▶ Von dem fertigen Thema her eine anschließende Überleitung entwerfen, die zur Dominante oder (wie bei Eberl) zur Doppeldominante moduliert. Dann setzt das Seitenthema ein; sein Vordersatz lautet bei Eberl:

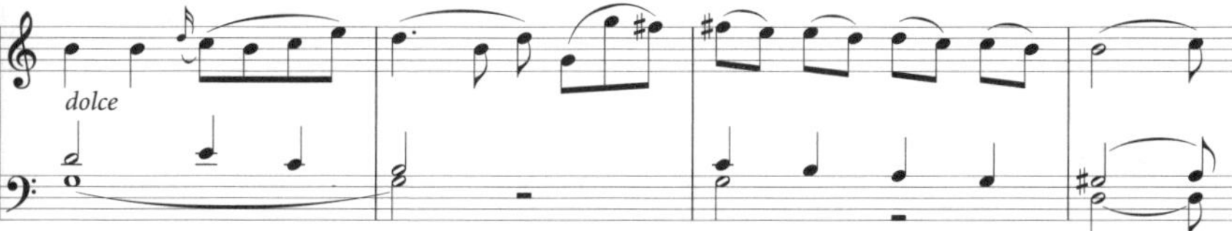

▶ Diesen Vordersatz mit einem Nachsatz ergänzen, der nach G-Dur zurückführt.

Barocke Architektur

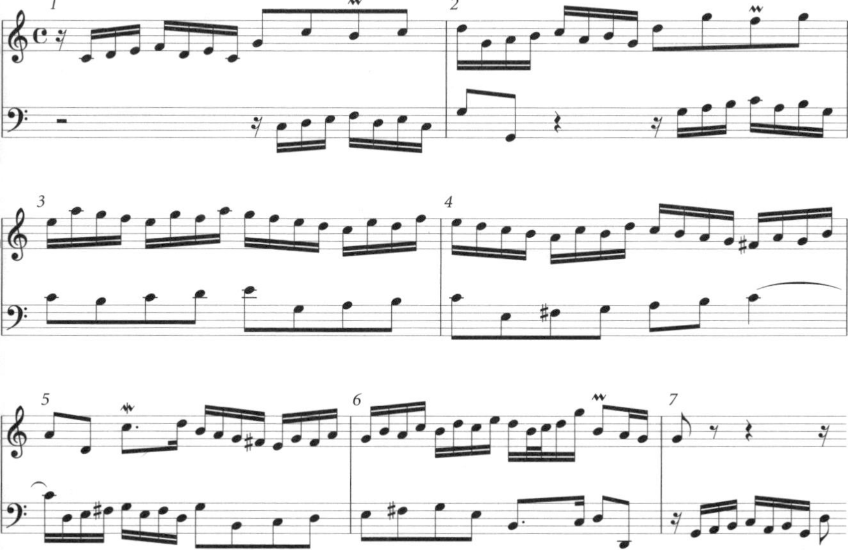

Bachs zweistimmige Invention C-Dur führt, erstmals mit dem Leitton *fis* in T. 4 (wie ist er – Bassgang ab T. 3 beachten – motivisch »legitimiert«?), mit einer Kadenz zur Dominante G-Dur (T. 7); in ihr kehrt das Thema wieder, nun im Bass. Der nächste Einschnitt führt, erstmals mit dem Leitton *gis* in T. 12, mit einer Kadenz zur Mollparallele a-Moll (T. 15); in ihr kehrt der Themenkopf wieder.

Dieses Preludio Arcangelo Corellis (op. 2, Nr. 8 seiner Triosonaten)

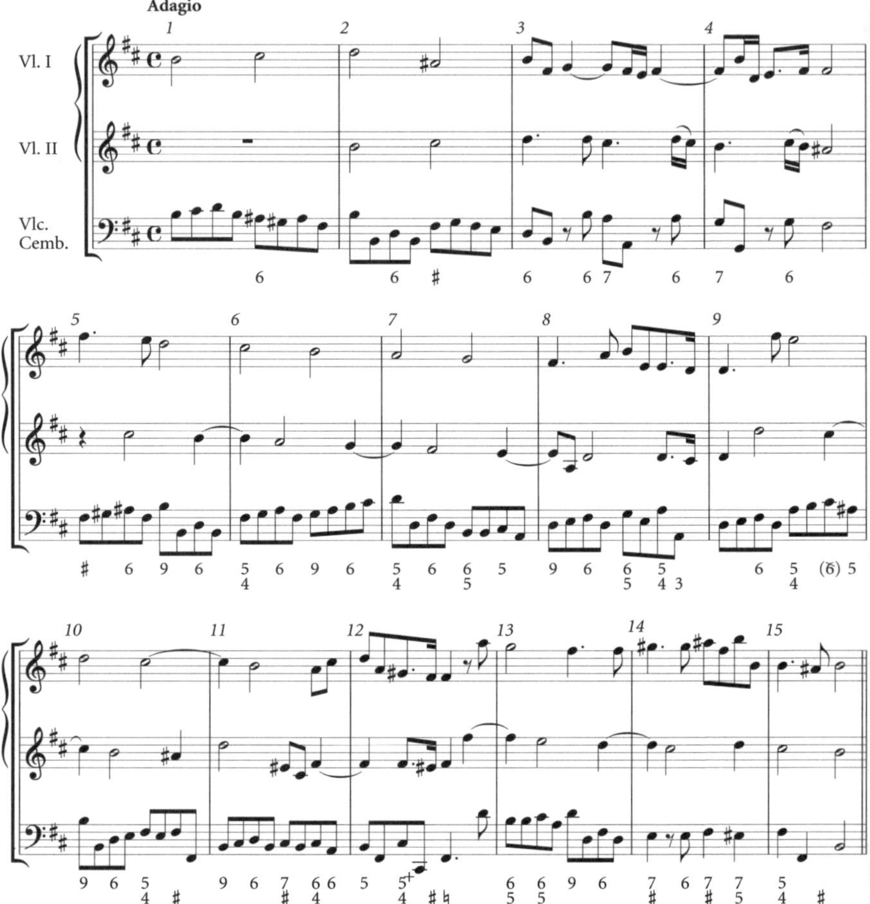

gewinnt Zusammenhalt durch das Gleichmaß seiner Taktgruppen: 4 + 4 + 4 + 3 Takte; durch Bewegungen: Achtel des Basses, versetzte Halbe der Oberstimmen; durch Motivisches: Imitation zu Beginn, dann abwärts ziehende Synkopenketten (als Septime-Sexte-Folge in den Außenstimmen T. 3/4, als Sekunde-Terz-Folge in den Oberstimmen T. 5ff.).

Harmonisch grundiert ist es durch tonartliche Gänge:

▶ Von h-Moll zum phrygischen Halbschluss Fis-Dur (T. 4; »Halbschluss« heißt eine musikalische Zäsur auf der Dominante einer Tonart; »phrygisch« heißt ein Halbschluss, in Anlehnung an die gleichnamige Kirchentonart, der durch eine fallende kleine Sekunde im Bass erreicht wird, hier: *g-fis*, unter den Klängen: Moll-Sextakkord: g-*h-e* / Dur-Grundstellung: fis-*ais-fis*.)

- Von Fis-Dur aus zur Durparallele D-Dur (T. 8/9)
- Von da zur V. Stufe fis-Moll (T. 12)
- Rückführung nach h-Moll, in der aparterweise noch einmal D-Dur (T. 13) und Fis-Dur (T. 14) anklingen

Bachs Invention (in Dur) wie Corellis Preludio (in Moll) beruhen auf einer *harmonischen Architektur*, die sich überall in barocker Musik findet, in Suitensätzen, Konzerten (für die Tonartenfolge des wiederkehrenden Ritornells), Fugen (für die Tonartenfolge der Durchführungen). Die Stationen lauten:

- In Dur: Tonika – Dominante – Mollparallele – Tonika
  In Stufen (als »Nummer« notiert): 1 5 6 1
- In Moll: Tonika – Dominante oder V. Stufe – Durparallele – Tonika (in Corellis Preludio zuvor noch die V. Stufe)
  In Stufennummern: 1 5 3 1.

Bevorzugt allerdings gehen Mollsätze *erst* zur Durparallele: 1 3 5 (gern auch 4) 1

Spielen

Man spiele, reduziert auf die einfachen Akkorde – in T. 6 z. B. also fis-Moll / G-Dur – die harmonische Grundlage von Corellis Preludio, um nachzuvollziehen, auf welchen Wegen er die beschriebenen harmonischen Stationen erreicht und wieder verlässt.

Analysieren

Nicht nur Geiger und Cellisten seien hingewiesen auf Bachs Suiten für Violine solo und Cello solo. Zur Animation sei hier die Sarabande aus der ersten Cellosuite G-Dur wiedergegeben (siehe das Beispiel auf der nächsten Seite). Wie ist der Aufbau? Was sind die Formgliedernden harmonischen Zielpunkte? Wie werden die neuen Leittöne eingeführt, wie erfolgt – am Ende – die Rückmodulation?

Ludger Rémy hat Bachs Cellosuiten für Tasteninstrument bearbeitet – in beeindruckenden Übertragungen, welche die latente Mehrstimmigkeit, das Polyphone und die harmonische Dimension in Bachs Einstimmigkeit plastisch machen. Bachs Sarabande sei Rémys Bearbeitung[3] an die Seite gestellt:

3 Der Abdruck erfolgt mit freundlicher Genehmigung. Rémys Bearbeitungen sind erschienen im E. R. P. Musikverlag Eckart Rahn (Nr. M-700252-41-0), Berlin 2012.

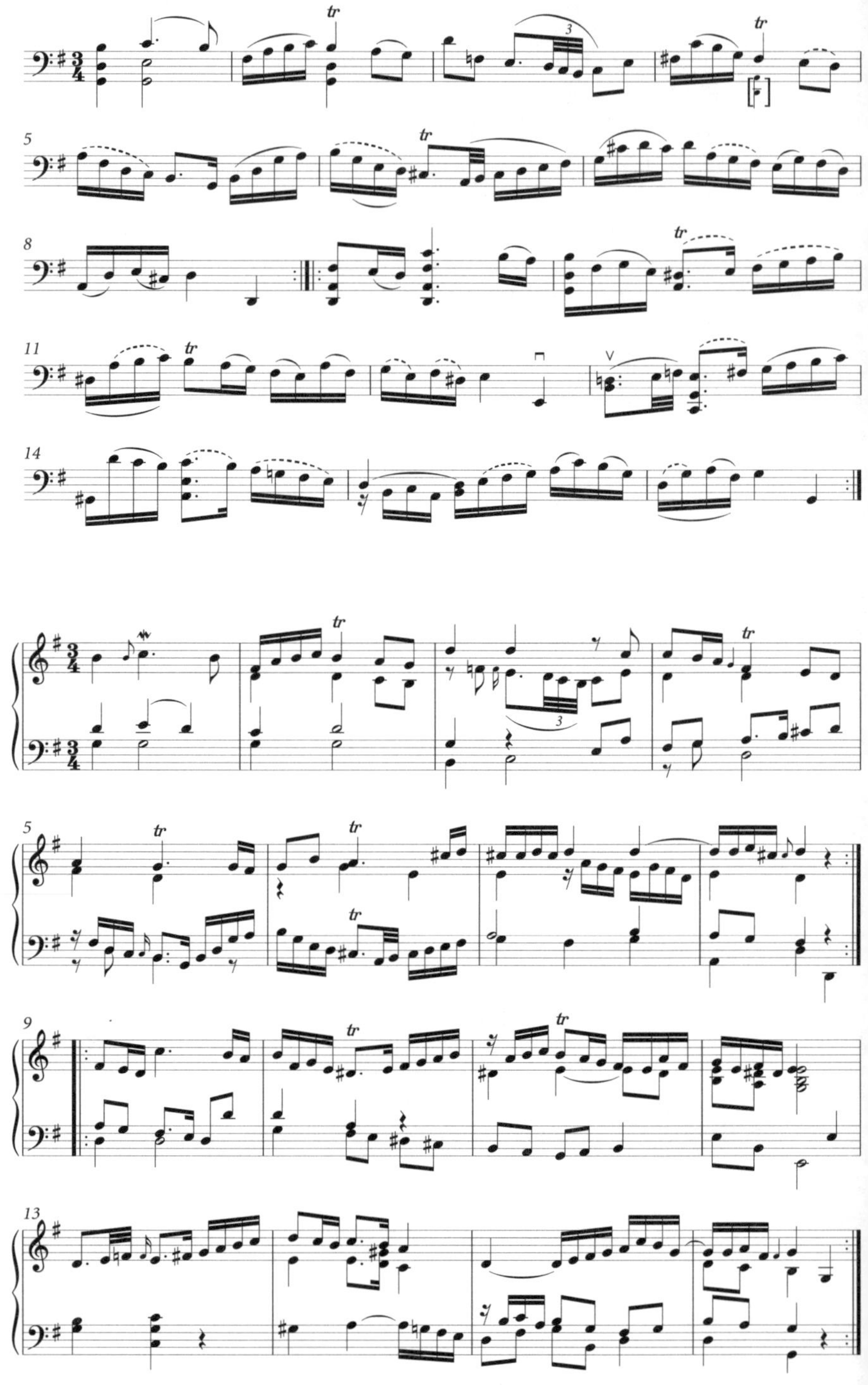

Erfinden

Bach nachbilden zu wollen, wäre vermessen. Aber sich auf niedrigerem Niveau an Einstimmigkeit zu versuchen, bleibt möglich. Hier vier Anfänge aus einstimmigen Sätzen Telemanns. Sie wären zu einem modulierenden Thema fortzuspinnen; wer mag, kann formal auch darüber hinausgehen.

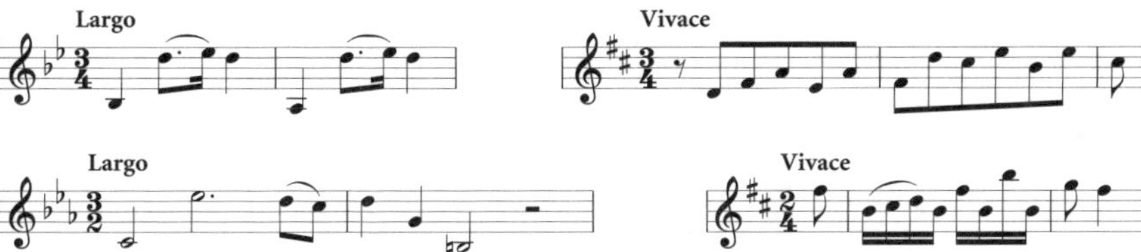

Zur Anregung: Für die Fortspinnung dieses Zweitakters

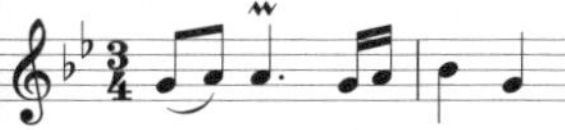

hatte ich mir vorgenommen: kleines, gleichmäßiges Format (8 + 4 + 4 Takte); T. 4 Halbschluss, T. 8 Durparallele, T. 12 Mollsubdominante; motivische Analogien; am Ende durchgehende Achtel-Motorik. Daraus ergab sich folgende Lösungsidee:

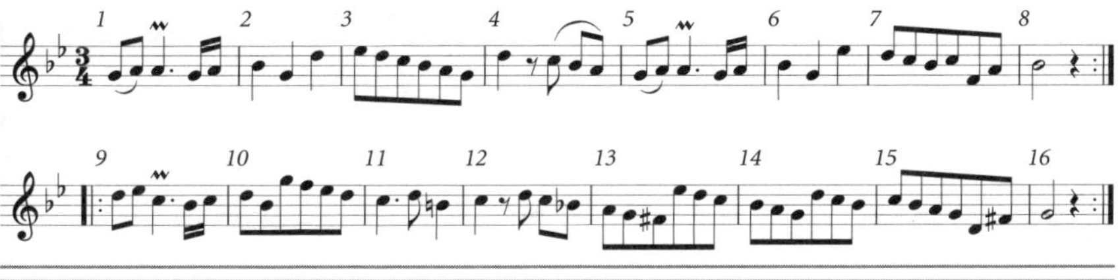

Sequenzen

Parallelismus

Wendet sich ein Choral, der in Moll steht (z. B. e-Moll) zur Durparallele (G-Dur), gibt es einen formelhaften Weg: die Folge Dominante-Tonika zwischen den parallelen Tonarten, in diesem Fall also die Tonartenfolge H-e / D-G. Hier Ausschnitte aus zwei Bach-Chorälen: (a) *Helft mir Gott's Güte preisen* BWV 28; (b) *Herr Jesu Christ, du höchstes Gut* BWV 113). Das Formelhafte zeigt sich auch daran, dass Beispiel (a) identisch ist mit T. 5 des auf S. 104f. zitierten Chorals.

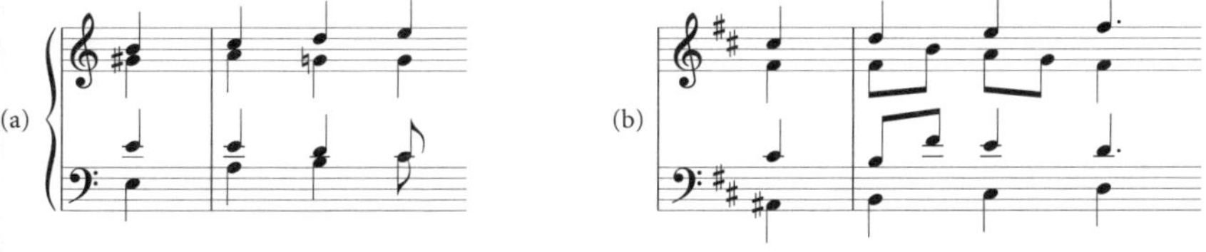

Die Dominanten erscheinen in Grundstellung oder als Sextakkord (in a die zweite Dominante, in b beide). Die Formel kennt daher vier Möglichkeiten der Akkordstellung; für D-g / F-B als bezifferter Bass notiert:

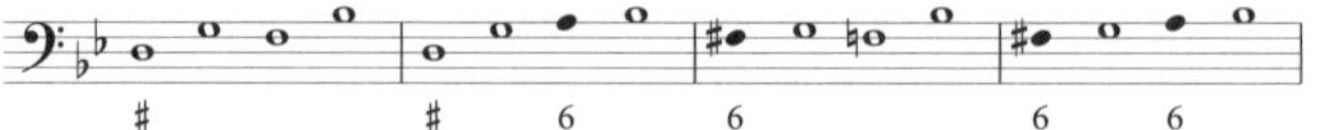

Eingebürgert hat sich für die Wendung der Begriff *Parallelismus*.[4] Er verweist auf die Parallelität sowohl der Tonarten als auch der Sequenzglieder.

Spielen

▸ Den Parallelismus in verschiedenen Molltonarten (Vorschlag: c, d, e, f, fis, g, a, b, h) und mit den verschiedenen Dominantstellungen spielen.

▸ Die Formel besteht aus vier Akkorden, durchnummeriert: 1-2-3-4. In der Literatur gibt es »Permutationen«, die man ebenfalls spielen sollte: 4-3-2-1 / 3-4-2-1 / 3-4-1-2 / 2-1-3-4.

▸ Wo wenden sich die beiden folgenden Choralmelodien zur Durparallele? Die Melodien bitte singen / spielen und, entsprechend dem bezifferten Bass oben, gängige Basstöne dazu singen / spielen.

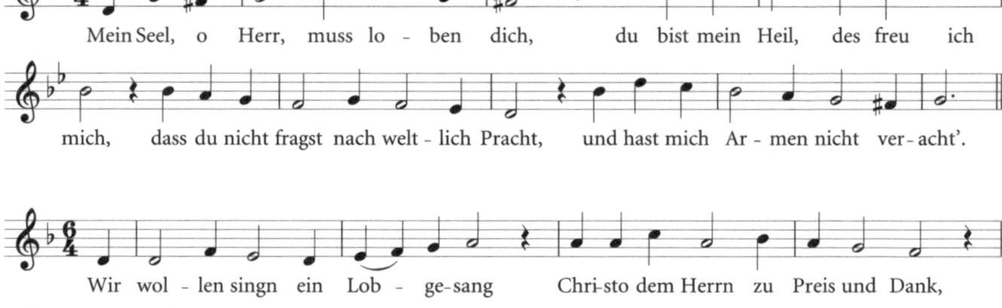

▸ Bitte selbst spielen und singen, um das Besondere zu merken: Schumanns erstes *Venetianisches Lied* (Nr. 17 des Zyklus *Myrthen* op. 25) moduliert – wo und wie? – zurück nach G-Dur.

---

4 Der Begriff geht auf Carl Dahlhaus zurück (*Untersuchungen über die Entstehung der harmonischen Tonalität*, Kassel ^{2}1988, S. 92ff.).

Oft wird der Gang durch weitere Sequenzierung verlängert. Ein eindringliches Beispiel ist der ostinate Bass, der Pachelbels berühmten Kanon grundiert:

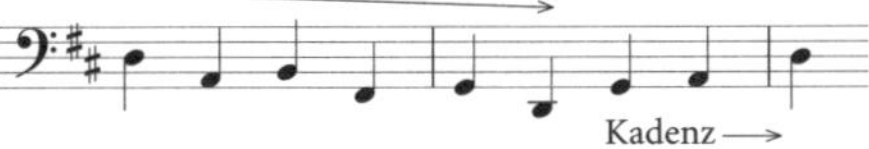

Auf einer Weiterführung *auf*wärts beruhen die T. 35–40 in Chopins Impromptu op. 29 Nr. 1, die von f-Moll nach c-Moll modulieren. Wie lautet die Harmoniefolge?

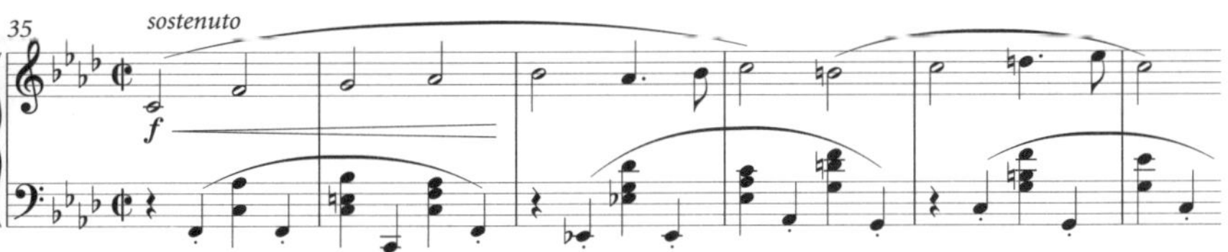

Spielen und Lesen

Beethoven, Klaviersonate g-Moll op. 49 Nr. 1 erster Satz: im Durchführungsteil sowie in der Reprise einen Parallelismus ausfindig machen.

Terzen und Sexten

Im volkstümlichen Singen war klangbetonte Parallelführung immer zu Hause: Zwei Stimmen zueinander in Terzen (über eine Oktave: Dezimen) oder in Sexten zu führen, ist seit dem 15. Jahrhundert eine beliebte Satztechnik.

Bachs Musik nutzt streckenweise Parallelführung, so in den Sextenketten der Invention F-Dur, T. 5/6, die mit F-Dur und d-Moll zur Dominante von C-Dur führen. In seiner C-Dur-Invention – ihr erster, modulierender Teil steht auf S. 25 – lassen sich die Takte 3ff. auf eine Folge von Terzen / Dezimen und Sexten reduzieren. T. 3 lautet, hier auf einem System zusammengezogen (bitte anhand der Invention spielend fortsetzen bis zum Ende von T. 6):

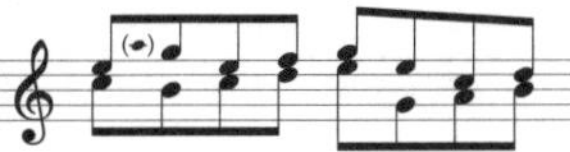

In klassisch-romantischer Musik bildet Parallelführung häufig ein Gerüst, mit dem auch moduliert wurde. Drei Beispiele:

▶ Mozart, erster Satz der g-Moll-Sinfonie KV 550: Beim Übergang von der Exposition zur Durchführung reißt die Musik, unberechenbar in ihren Pausen und

Klangdauern, in nur sechs Takten weit fort nach fis-Moll (eigentlich: ges-Moll). Die Folge F^7-B / D^7-g lässt sich als Parallelismus verstehen, schroff weggefegt durch einen Verminderten; dann in Holzbläsern parallel geführte Terzen, deren Ziel offen ist: Je nach Vorzeichensetzung hätten sie auch zu einer anderen Tonart führen können.

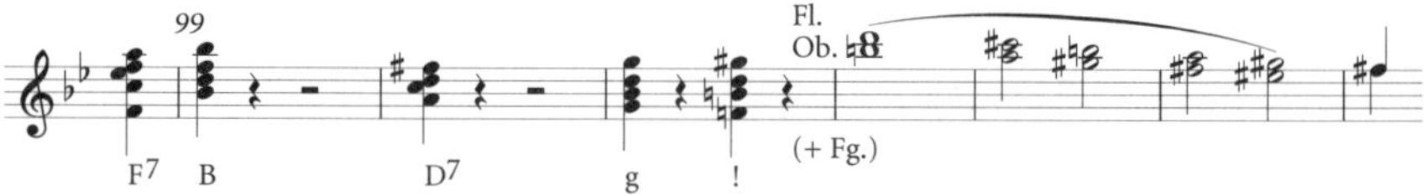

Ein verblüffendes zyklisches Gegenstück bietet das Finale der Sinfonie: Die Takte 125ff. – auch hier am Beginn der Durchführung – überrumpeln den Hörer mit einem melodisch-rhythmisch völlig bizarren Unisono in Streichern und Holzbläsern, dem wieder die parallel geführten Terzen folgen, diesmal hin nach A-Dur.

▶ Mozart, Klaviersonate B-Dur KV 333, erster Satz, T. 15ff.: Der zweistimmige, von F-Dur nach C-Dur modulierende Satz lässt sich auf parallele Sexten, später dann Dezimen reduzieren. Die Takte 15/16 lauten, auch hier auf *einem* System zusammengezogen (bitte bis T. 22 weiterführen und spielen):

▶ Haydn, Klaviersonate B-Dur Hob. XVI:2, erster Satz: Die Takte 77–84 modulieren von g-Moll nach B-Dur:

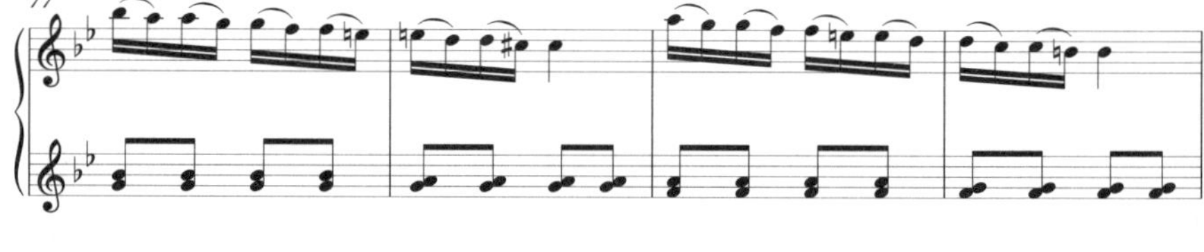

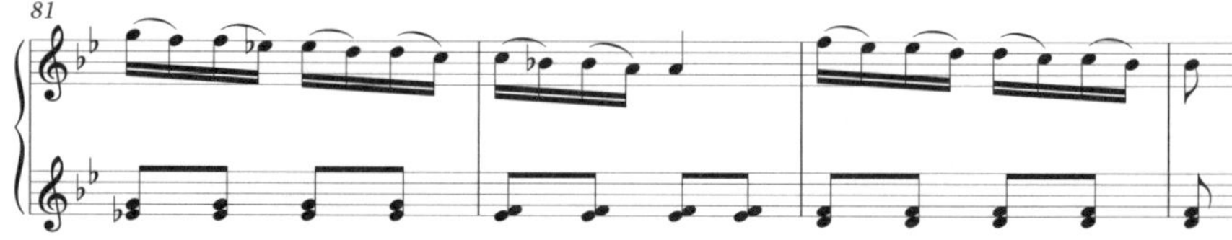

Die Takte beruhen auf einer Sequenz. Ihre Satztechnik kann man in verschiedener Weise auffassen:

▶ Als *Terzenkette* der Unterstimmen, kontrapunktisch mit Sekundvorhalten (*g-b*, dann: *g-a* → *f-a* …)

▸ Als dreistimmige *Akkordfolge*, deren Grundtöne in *Quinten* fallen (ab dem zweiten Takt taktweise: *a-d-g* …)

▸ Letzte Sechzehntel der Oberstimme berücksichtigt: als *Terz-Sext-Klänge* über fallendem Bass (erster Takt: *g-b-e*, übernächster Takt: *f-a-d* …)

Bitte die Intervalle und Klänge spielen und auch weiter führen als Haydn, um dadurch *andere* Zieltonarten zu erreichen.

Spielen

Terzenketten spielen und durch Einführung eines Leittons eine neue Tonart erreichen. Zur Anregung drei Beispiele, die sämtlich mit der Terz *c-e* beginnen, aber auf unterschiedliche Weise verschiedene Ziele ansteuern:

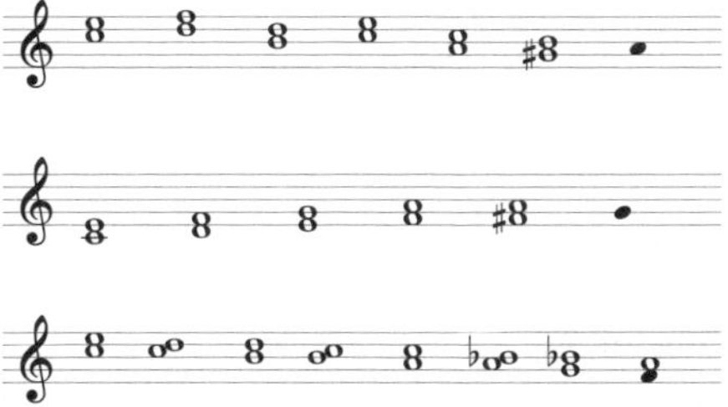

Improvisieren einer einfachen, modulierenden Melodie plus Begleitung in Terzen. Hier der Anfang meiner Lösungsidee, mit einer Modulation von a-Moll nach C-Dur:

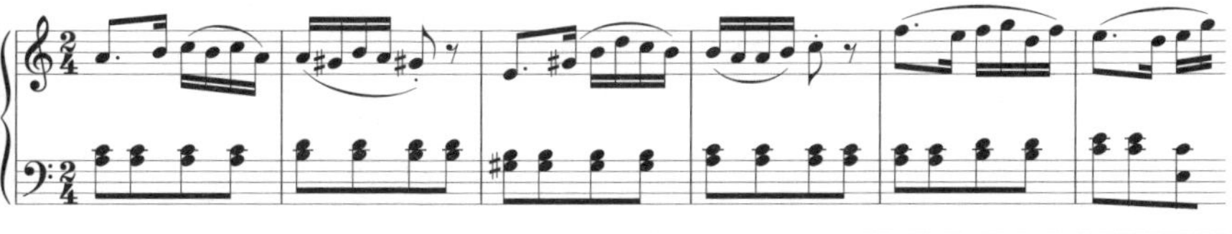

Fauxbourdon

Parallel geführte Sexten begründen den sogenannten *Fauxbourdon* (frz.: falscher Bass), der seit der ersten Hälfte des 15. Jahrhunderts bis weit in das 19. Jahrhundert hinein als Stimmführung verbreitet ist. Ein Satz »au fauxbourdon« besteht aus komponierten Außenstimmen in Sexten und gelegentlichen Oktaven, dazu einer improvisierten Mittelstimme in parallelen Quarten zur Oberstimme, sodass sich weiche Terz-Sext-Klänge mit festen Quint-Oktav-Klängen abwechseln, wie in diesem Vokalsatz Guillaume Dufays (um 1400–1474). Im Sopran liegt eine rhythmisierte und melodisch ornamentierte Gregorianische Melodie:

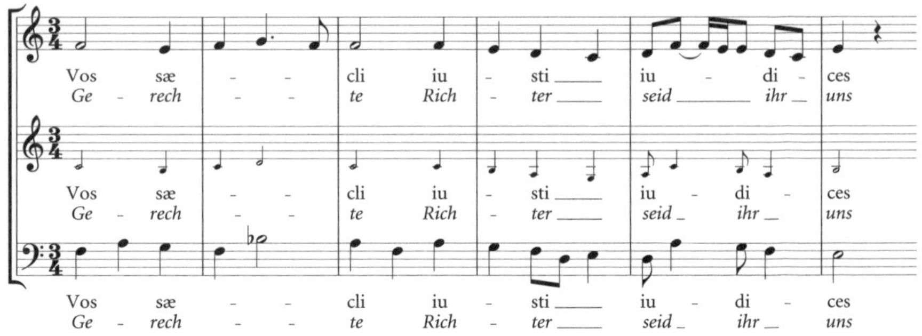

Satztragend sind die beiden Außenstimmen: Der *Fauxbourdon* ist seinem Sinn nach ein *Intervall*satz. Historisch bewahrt haben sich von ihm die parallelen Terz-Sext-Klänge: Eine spätere *Sextakkordkette* ist ihrem Sinn nach ein *Akkord*satz. Mit ihr lässt sich geschmeidig modulieren, denn überall kann man aus der gleitenden Kette »aussteigen« und eine gewünschte Tonart erreichen, wenn man deren Leitton bringt und eventuell weitere notwendige Vorzeichen. Die folgenden Beispiele (a) bis (e) zeigen das schematisch. Beispiel (f) schärft die Klangfolge durch eine 7-6-Vorhaltskette zwischen Ober- und Unterstimme, (g) macht aus Mittel- und Oberstimme eine einfache Spielfigur.

Die Beispiele (h) und (i) zeigen noch zwei bedeutsame Formeln, die in ihrer einfachsten Fassung als Fauxbourdon auftreten: einen diatonischen und einen chromatischen Quartgang im Bass (hier von *a* bis *e*), der durchweg mit dem Halbschluss (Hs) endet.

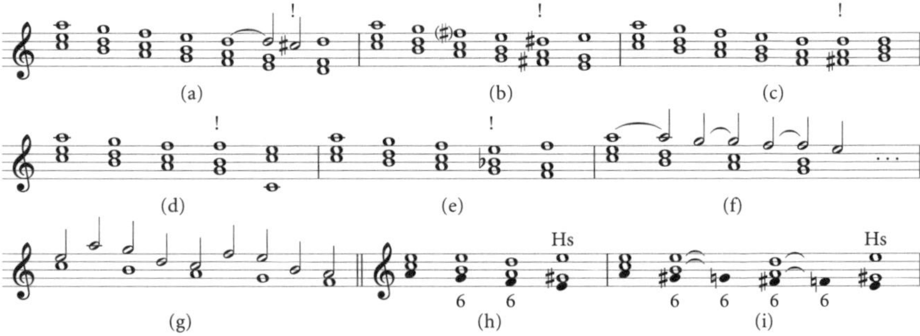

Dass (g) nichts Konstruiertes ist, sieht man an diesem Passus aus dem Finale von Mozarts Klaviersonate KV 279, der von C-Dur nach G-Dur moduliert:

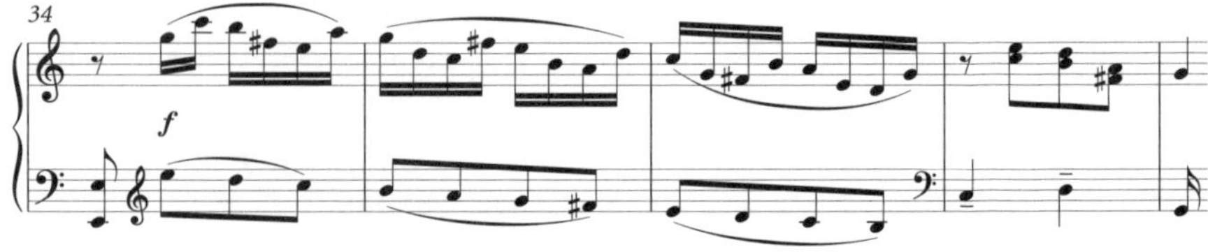

Spielen

Im Kapitel »Von gebrochenen Accorden« bringt Johann Mattheson (1739, S. 354) einen Fauxbourdon-Satz – ohne ihn so zu nennen –, in der Unterstimme chromatisiert, klanglich mit einer Vorhaltskette geschärft. Bitte Matthesons Original (das erstaunlicherweise in *Dur* steht) spielen, auch transponiert in F-, B-, G-, D-Dur; dann in drei Varianten: ohne die Vorhalte / ohne die Chromatik / die »reine« Klangfolge ohne Vorhalte und ohne Chromatik.

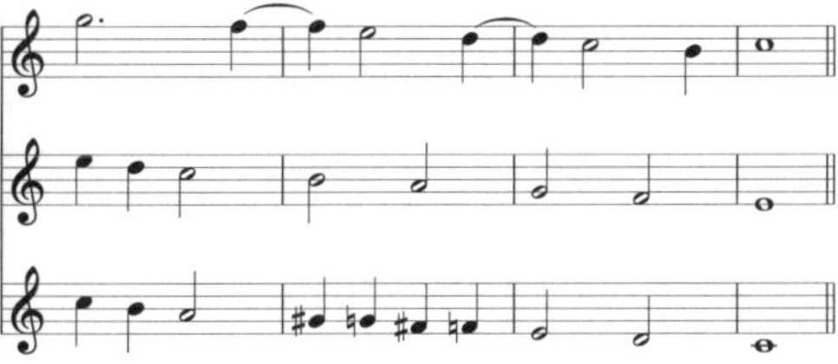

Dieser »dreistimmige Satz«, so Mattheson, »kan auf fünferley Art in einander gezogen und mit gebrochenen Accorden durchgeführet werden«. Dafür gibt er jeweils die Anfänge vor:

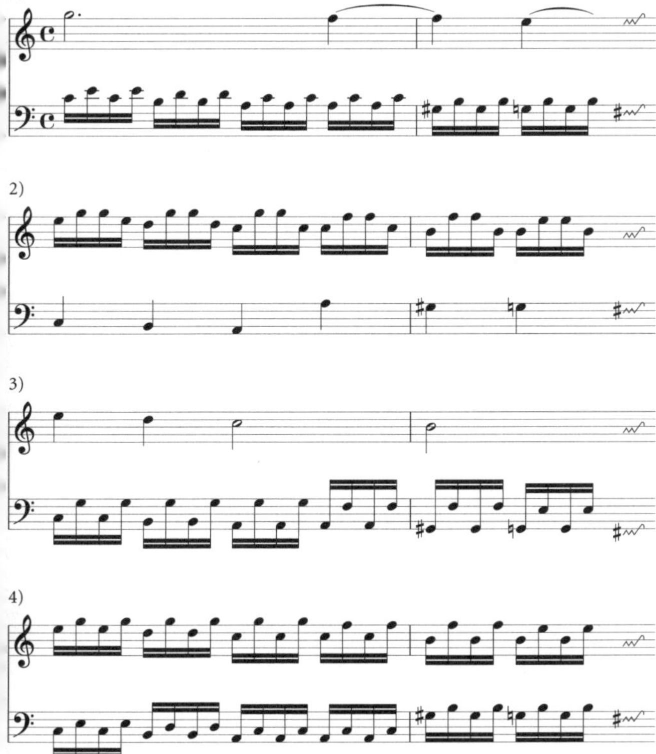

5)

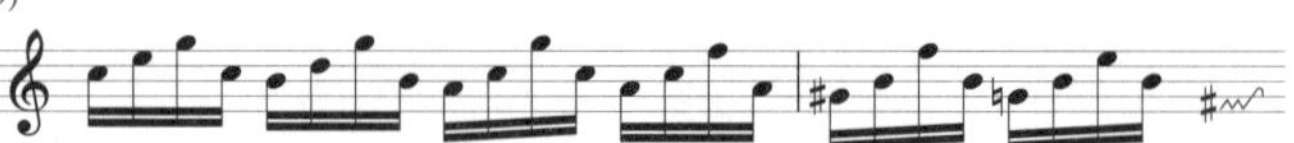

Wie sind die »fünferley Arten« aus dem Akkordsatz abgeleitet? Die Anfänge weiterzuführen, ist eine gute Übung, auch weil sie Ohr und Auge sensibilisiert für konkrete Musik, die fünfte »Art« beispielsweise für den einstimmigen Anfang von Bachs Orgelpräludium a-Moll BWV 543, dessen besonderer Abstieg sich dreistimmig darstellen ließe: mit diatonischer »Ober«stimme (f^2-e^2-d^2 …), diatonisch-chromatischer »Mittel«stimme« (c^2-h^1-a^1-gis^1 …) und chromatischer »Unter«stimme (a^1-gis^1-g^1-fis^1 …):

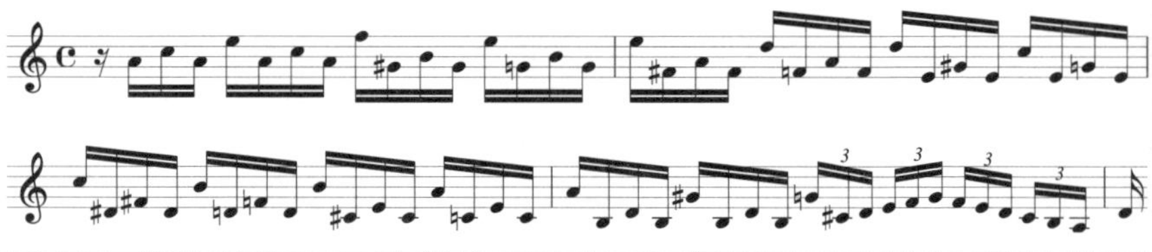

Für den Fauxbourdon gibt es bis weit in das 19. Jahrhundert hinein eine Fülle von Belegen. Die folgenden fünf Beispiele beschränken sich auf barocke und klassische Musik – einfach deshalb, weil sie ein eigenes, »handgreifliches« Probieren besser ermöglichen als komplexe Beispiele der Romantik (wie in Chopins Mazurken op. 6 Nr. 3, T. 58–62, oder op. 17 Nr. 4, T. 6–10).

In Bachs Invention G-Dur modulieren die Takte 7ff. von G-Dur nach D-Dur. Welche Sextakkordkette grundiert diese Takte, deren Sequenz auch fallende Quintschritte (wie heißen ihre Grundtöne?) erkennen lässt?

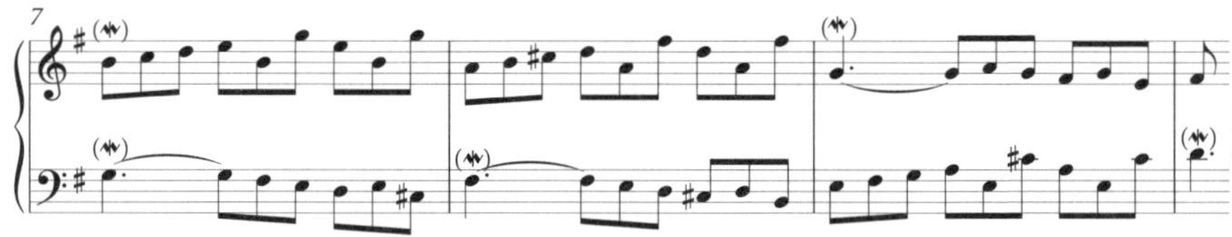

Die folgenden modulierenden Ausschnitte aus Klaviersonaten Haydns (Es-Dur Hob. XVI:38, Adagio, T. 7ff.; B-Dur Hob. XVI:18, zweiter Satz, T. 22ff.) und Beethovens (C-Dur op. 2 Nr. 3, Finale, T. 19ff.; G-Dur op. 31 Nr. 1, Adagio grazioso, T. 49ff.):

- Bitte spielen
- Die jeweiligen Sextakkorde als reines, rhythmusloses Gerüst herauslösen und spielen
- Danach erneut das Original spielen

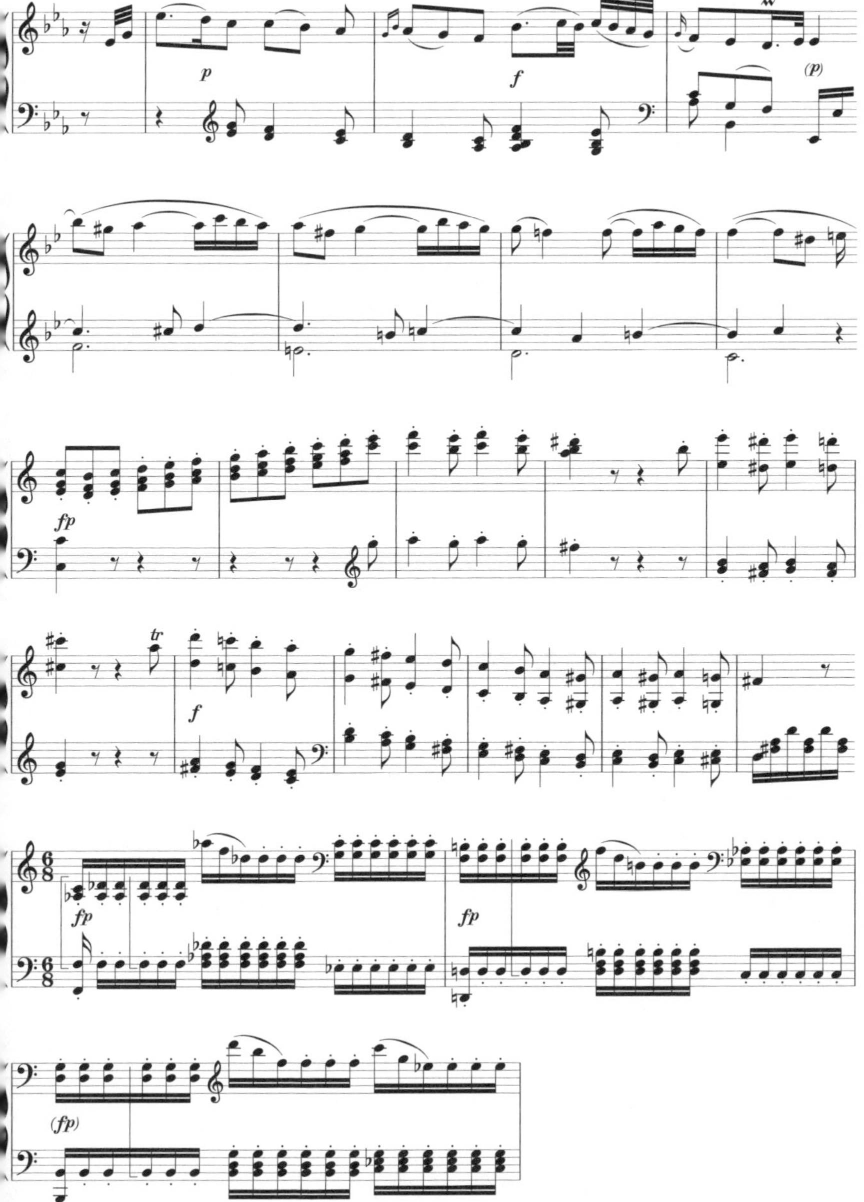
p
f
(p)
fp
tr
f
fp
fp
(fp)

Spielen

▶ Mozarts Klaviersonaten sind voll von dieser Technik. Exemplarisch sei nur *ein* Satz herangezogen: das Finale der Sonate a-Moll KV 310, T. 37ff. im Vergleich mit T. 211ff.; außerdem T. 72ff.

▶ Wem es schwer fällt zu improvisieren, kann seine Lösung zunächst aufschreiben: diesen Fauxbourdon-Satz Mozarts

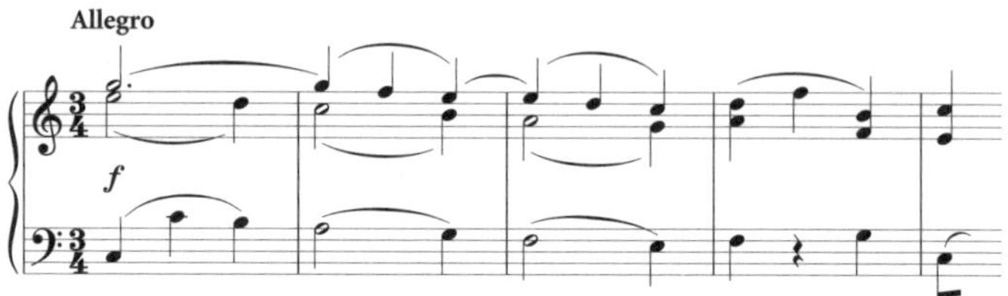

so einrichten, dass er *nicht* nach C-Dur zurückführt, sondern dessen Nebentonarten erreicht: d, e, F, G, a.

Quintschritte

Treten fallende oder steigende Quintschritte auf, kann es sich um zwei unterschiedliche Vorgänge handeln:

▶ Die Harmoniefolge beruht auf entsprechender Fortschreitung ihrer Grundtöne. Dann liegen *Quintschritte* vor.

▶ Die Harmoniefolge grundiert eine motivische Sequenz. Dann liegt zudem eine *Quintschrittsequenz* vor.

Fallend

Eine *fallende Quintschrittsequenz* stützt eine motivische Sequenz mit einer Harmoniefolge, deren Grundtöne in Quinten fallen. Eine *reale* Sequenz, die intervallgetreu reine Quinten einsetzt, führt in Dur wie in Moll unweigerlich aus einer Tonart heraus, in prinzipiell endlosem Fall.

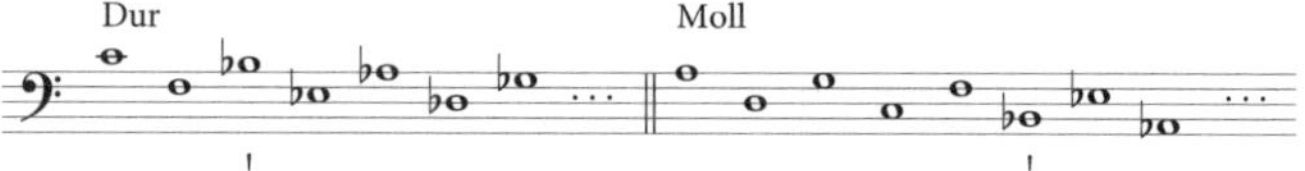

Eine *tonale* Sequenz hält sich an die leitereigenen Töne, bleibt dadurch in der Tonart, führt aber auf der VII. Stufe in Dur und auf der II. Stufe in Moll zu einem verminderten Dreiklang, im Bass mit einer verminderten statt reinen Quinte erreicht: Ungenauigkeiten, die sich ein Hörer aufgrund des Sequenzzuges »zurecht hört«.

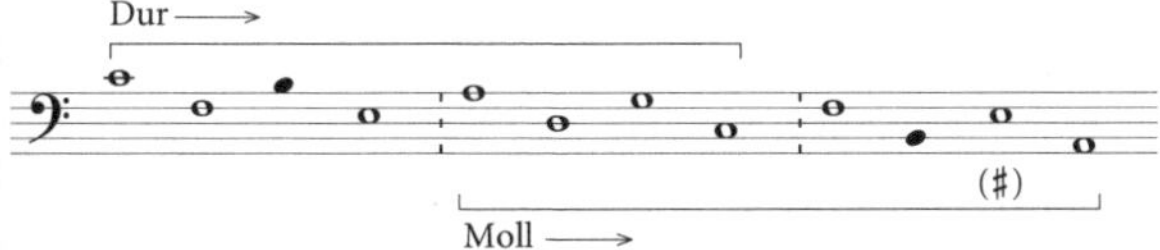

Der Bass macht ein Überlappen sichtbar: Die zweite Hälfte einer fallenden tonalen Sequenz in Dur ist zugleich die erste Hälfte einer fallenden Sequenz in Moll. Schon daran zeigt sich, dass Quintschrittsequenzen gut geeignet sind für Modulationen, wo nötig mit der Einführung eines neuen Leittons – von C nach a beispielsweise des Tones *gis*, also mit E-*Dur* statt e-*Moll*.

Spielen

Die hier gegebenen realen und tonalen Sequenzbässe mit Akkorden spielen; dann auch bei anderen Dur- und Molltonarten beginnen. Empfehlung: in *Terz*lage anfangen, in C-Dur also mit dem *e* im Sopran, weil sie eine »motivisch« wirkende Gegenbewegung von Sopran und Bass ermöglicht:

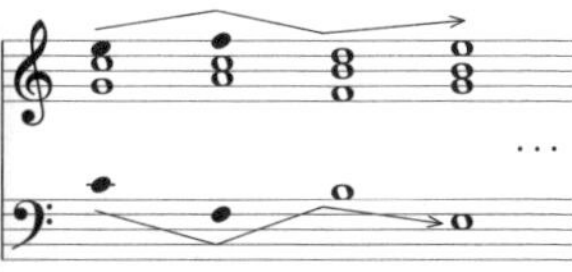

Steigend

Steigende Quintschritte kennen zweierlei Arten[5]:

- Gleichsam als Umkehrung fallender Quintschritte: Eine *steigende* Quinte (*c-g*) wird nach oben gerückt (*d-a*), insgesamt also steigen die Quintschritte aufwärts (*c-g-d-a-e* …):

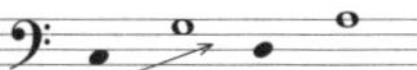

- Eine *fallende* Quinte (*g-c*) wird nach oben gerückt (*a-d*):

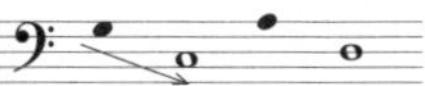

5 Beim ersten Typ wird auch von *Quintanstiegen* gesprochen, beim zweiten von *aufsteigenden Quintfällen*. Da die Koppelung von »aufsteigen« und »fallen« ebenso unschön wie verwirrend wirkt, ziehe ich es vor, übergreifend von »Quintschritten« zu reden und sie als »fallend« und »steigend« zu unterscheiden.

Für den ersten Typ hat Stephan Lewandowski ebenso den umgedrehten Vorgang (*d-a / c-g*) anschaulich dargestellt: »*Fallende Quintanstiege*«. *Ein Modellversuch*. In: *Zeitschrift der Gesellschaft für Musiktheorie* 7/1 (2010), S. 85–97. Da es aber hier nicht um eine umfassende Sequenzlehre gehen kann, konzentriert sich dieses Kapitel auf die (am häufigsten auftretenden) fallenden Quintschritte.

Die Sequenzen der folgenden Musikbeispiele verwenden diese Arten; bitte nachvollziehen und spielen (J. S. Bach, *Zwölf kleine Präludien*, Nr. 1, BWV 924, T. 1–3; Schubert, *Valses nobles* D 969 (op. 77), Nr. 11, T. 1–8; Haydn, Klaviersonate A-Dur Hob. XVI : 5, Finale, T. 8–12):

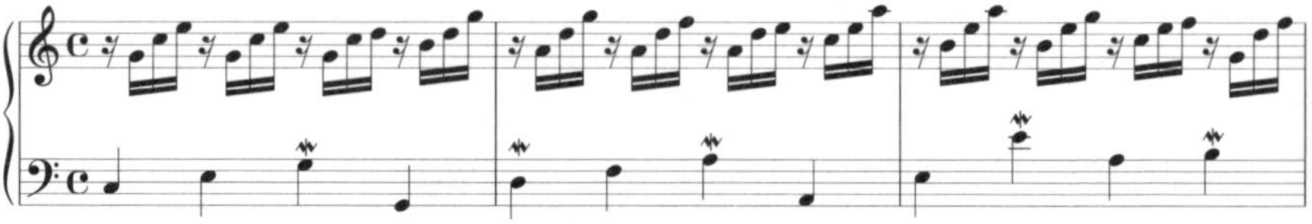

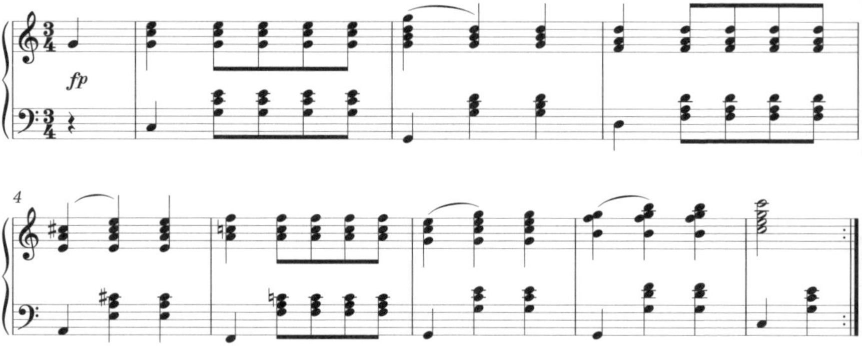

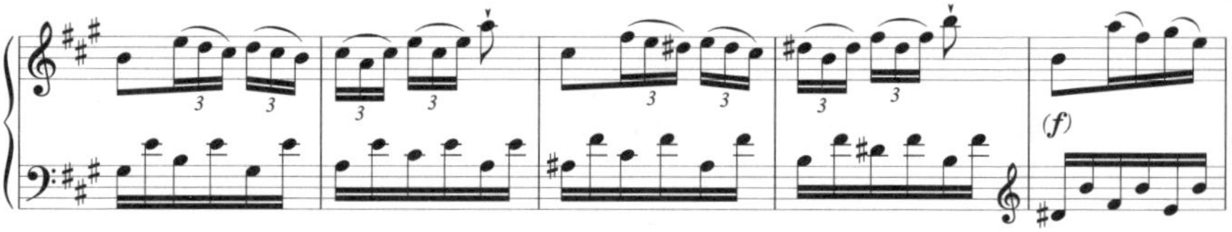

Das Finale von Beethovens Klaviersonate F-Dur op. 10 Nr. 2 zeigt, wie steigende Quintschritte (hier: *f-c-g-d-a*) aus der *Kadenzverschränkung* erwachsen können, die in der Klassik oft begegnet: f-Moll (im fünften Takt erreicht) ist *Ziel* einer Kadenz (b-C^7-f) und gleichzeitig *Anfang* (als Subdominante) der folgenden Kadenz. Wie geht es weiter?

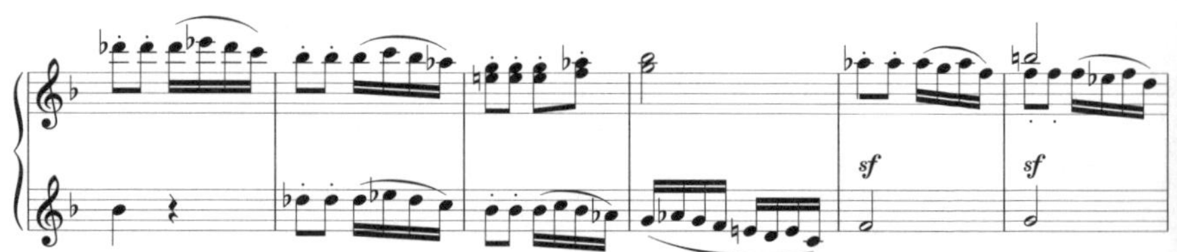

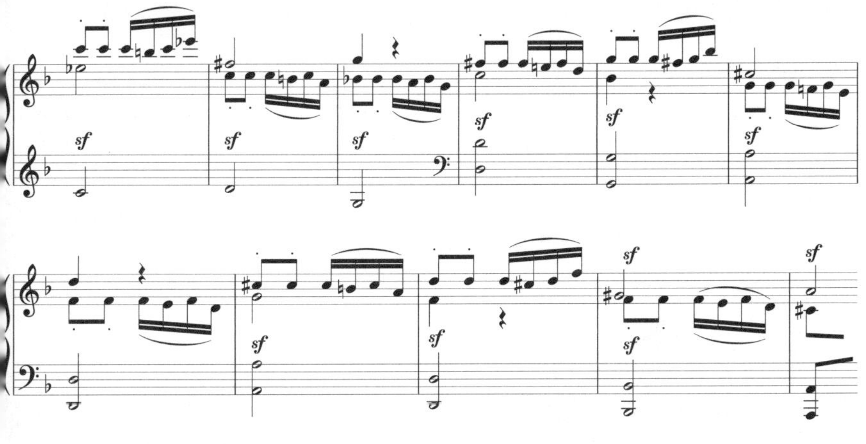

Spielen

Die Kadenzverschränkung mit ihren motivischen Sequenzen eignet sich besonders gut für Durchführungspartien, weil sie nicht festgelegt ist in ihren harmonischen Zielen.

Diesen Anfang bitte weiterführen. Das erreichte a-Moll wird Subdominante der Folgekadenz nach e-Moll; das erreichte e-Moll wird …

d E a
≈
a H e
…

Die Zwischentonika (im gegebenen Beispiel das a-Moll) kann, wo leitereigen, auch als *II. Stufe* der Folgekadenz genommen werden:

d E a
≈
a D G

Zwei Beispiele aus Kopfsätzen von Mozarts Klaviersonaten, mit der Bitte, die reine Akkordfolge herauszuziehen und zu spielen:

- C-Dur KV 279, T. 39–43: Das d-Moll wird II. Stufe. Bitte die Kadenzverschränkung auch weiter sequenzieren, nach Mozarts Prinzip: Bassterz wird Dominantseptime: auf C_3 folgt Fis_7, das nach … führt. Hinter Mozarts Sequenz sind gleichzeitig fallende Quintschritte erkennbar; Grundtöne ab dem zweiten Takt: *a-d-g-c*.
- B-Dur KV 570, T. 86–95: Den Trugschluss in T. 91 beachten, der zur tiefalterierten II. Stufe des nachfolgenden g-Moll wird. Typisch ist, wie oben bei Beethoven (op. 10 Nr. 2), das Ende mit einem Durakkord, erreicht über eine phrygische Wendung.

Zwischenspiele

Von modulierenden Sequenzen hat barocke Musik in Zwischenspielen reichlich Gebrauch gemacht. Inventionen Bachs sollen hier als Beispiele dienen. Sie modulieren in *Dur* zunächst zur *Dominante*. Die Invention B-Dur nutzt dafür eine fallende Quintschrittsequenz zum Halbschluss F-Dur; in den einstimmigen Imitationen ist der Gang B-Es-a[(v)]-d-g-c-F erkennbar:

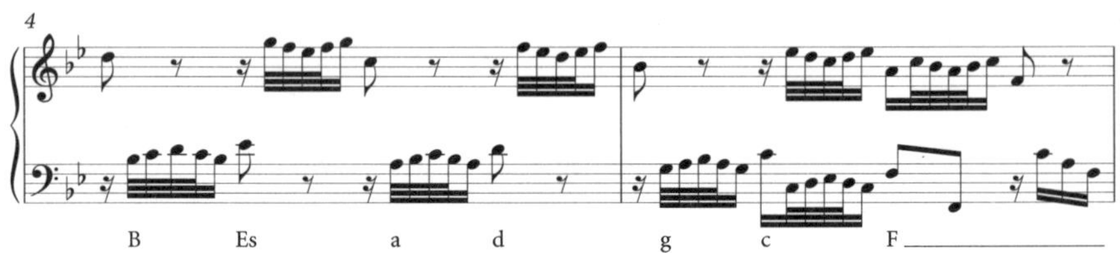

Inventionen in *Moll* modulieren zur *Durparallele* oder zur *V. Stufe*. Die Invention e-Moll führt ab T. 3 über eine fallende Quintschrittsequenz (halbtaktig: e-a-D-G und noch C) zur Durparallele G-Dur (T. 7):

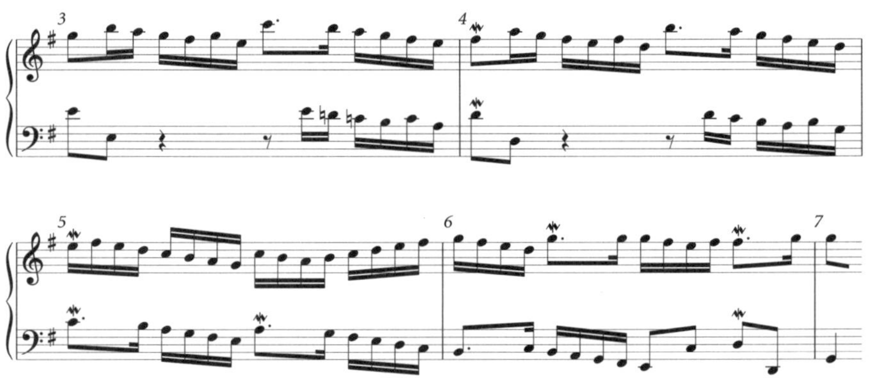

Die Invention a-Moll moduliert zunächst zur Durparallele C-Dur, dann (T. 9ff.) in *zwei*maligem, harmonisch beschleunigendem Anlauf zur V. Stufe e-Moll. Ihre gebrochenen Akkorde bilden *Sept*akkorde (T. 9: *a-c-e-g* / *d-fis-a-c*, T. 10: *g-h-d-fis* / …):

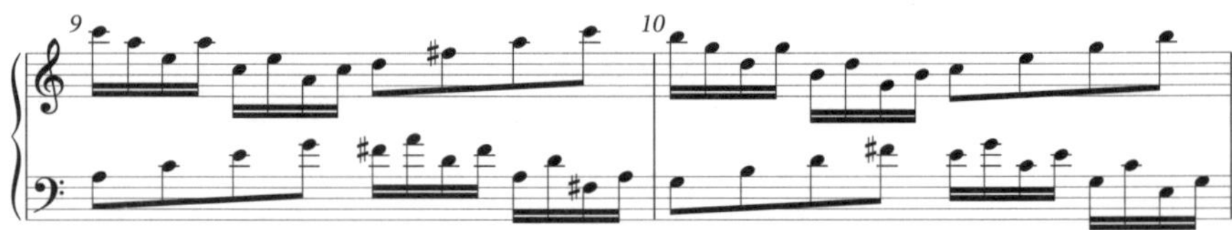

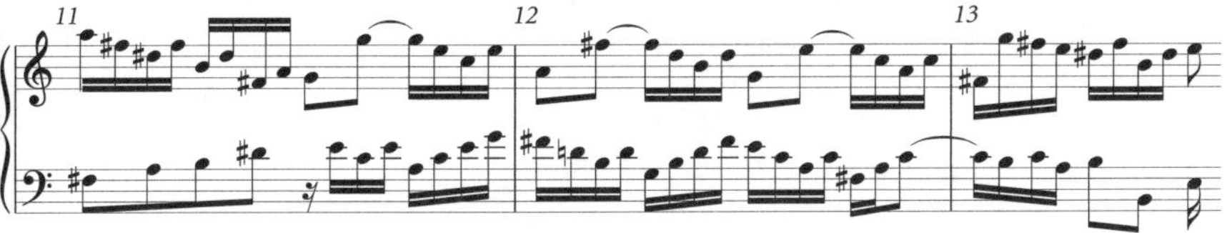

Spielen

1. Modulationen mit fallender Quintschrittsequenz in einem *akkordischen Satz*:

▶ Von einer Durtonika zu ihrer Dominante:

Der leitereigene *dritte* Akkord in Dur (= VII. Stufe) ist ein Verminderter. Der Rest ist problemlos – zu denken ist nur an den neuen Leitton. Ein Beispiel: D-Dur nach A-Dur:

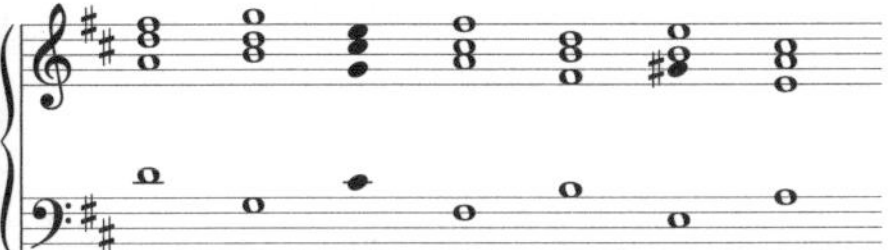

▶ Von einer Molltonika zu ihrer Durparallele:

Es gibt ein Problem, das Bach stets elegant löst: In lediglich drei Schritten ist die Sequenz bereits am Ziel. Bachs e-Moll-Invention (Beispiel S. 42) erreicht nach e-Moll, a-Moll und D-Dur bereits G-Dur. T. 5 geht darum mit C-Dur noch einen Quintschritt weiter, das Folgende zögert den definitiven Eintritt von G durch weitere Sequenzen heraus.

Zum Vergleich studiere man auch Bachs »verlängernde« Strategien in seinen Inventionen d-Moll (T. 7ff.) und h-Moll (T. 8ff.).

▶ Von einer Molltonika zu ihrer V. Stufe:

Bachs a-Moll-Invention oben zeigt das Prinzip. Ihre zweimalige Sequenz endet (in T. 11 und in T. 12/13) mit fis-*vermindert* / H-*Dur* / e-Moll: Die *vorletzte* Harmonie (H-Dur) wird zur *Dominante* der angestrebten V. Stufe (e-Moll), die *drittletzte* Harmonie (fis-vermindert) zu *deren* II. Stufe – der Eintritt des Verminderten signalisiert das Verlassen der Ausgangstonart.

Ein Beispiel: g-Moll nach d-Moll:

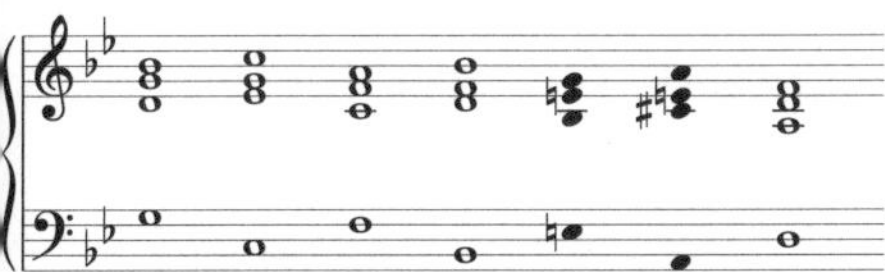

2. Modulationen mit fallender Quintschrittsequenz in einem *motivischen Satz*:

Mit den folgenden Motiven – gewonnen aus Vorgaben Telemanns – soll entsprechend moduliert werden. Die harmonische Grundierung bitte vorher durchdenken oder in Akkorden spielen.

Wer mag, kann zu den *ein*stimmigen Vorgaben (D-Dur, a-Moll) auch einen Bass erfinden.

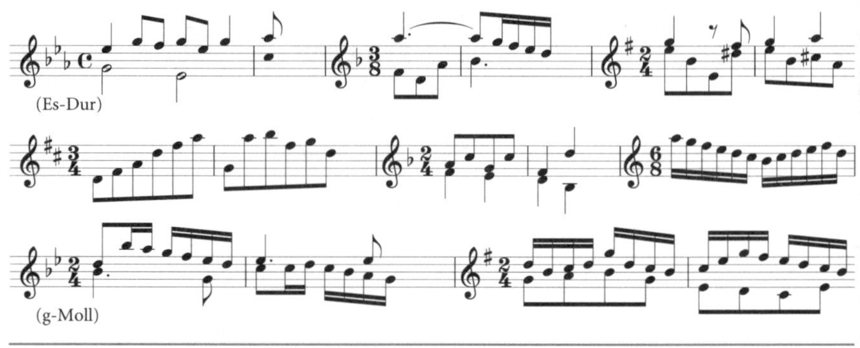

Klassisches

Klassische Musik nutzt fallende Quintschrittsequenzen gelegentlich in Themen, gern in Überleitungen, Mittelteilen, Durchführungspartien.

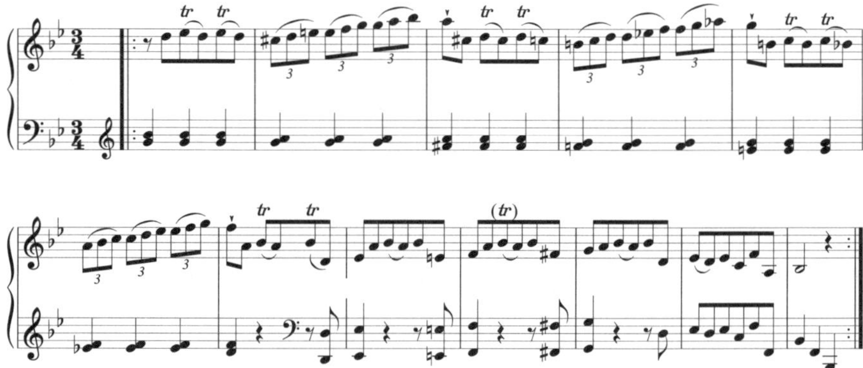

Dieses Trio aus Haydns Klaviersonate G-Dur Hob. XVI : 6 moduliert eingangs von g-Moll nach B-Dur: im Gegeneinander einer melodisch ausgreifenden, akkordischen, chromatisch abwärts gleitenden Quintschrittsequenz (ab dem zweiten Takt: A-D … – wie geht es weiter?) und eines melodisch reduzierten, linearen, chromatisch aufwärts strebenden Unisonos. Vgl. damit das Beispiel Haydns auf S. 32: Die dort angebotenen Deutungen lassen sich auch auf das Trio hier übertragen.

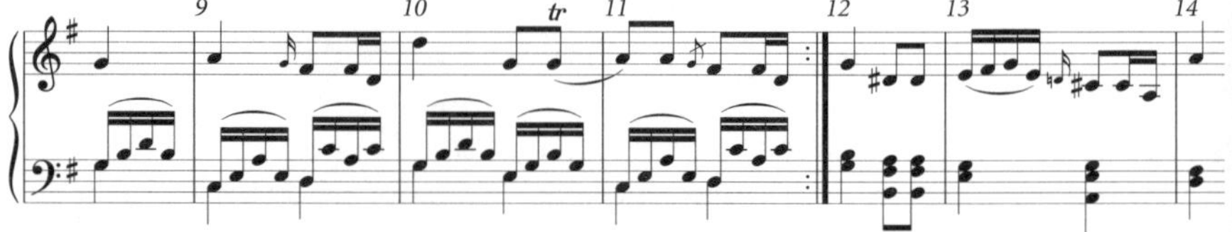

Die überleitenden Takte 12–14 im langsamen Satz von Mozarts Klaviersonate D-Dur KV 311 modulieren von der Tonika G-Dur zur Dominante D-Dur mit

H^7-e-A^7-D (das e-Moll darin ist unauffällig vorbereitet durch das e-Moll in T. 10). Eine solche Folge nach mediantischem Neuansatz (auf *G* in T. 12 folgt H^7) zählt zu den klassischen Redewendungen für den Weg in die Dominante. (Zum Vergleich: Mozart, Klaviersonate C-Dur KV 279, erster Satz: Die Takte 17–20 modulieren, nach dem Halbschluss in T. 16, zur Dominante G-Dur mit der fallenden Quintschrittsequenz E-a-D-G.)

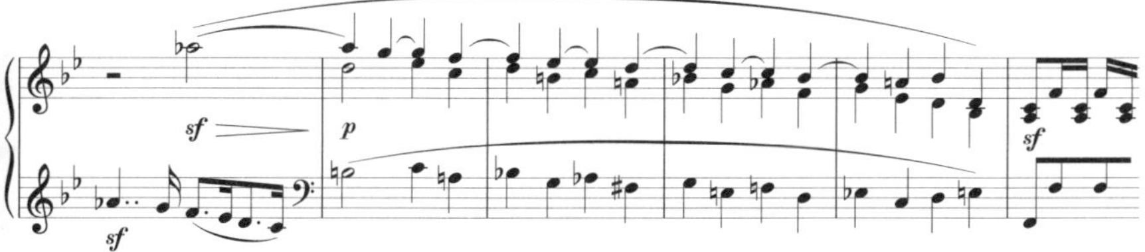

Und fällt und fällt und …: die Überleitung in der Reprise des ersten Satzes von Beethovens Klaviersonate op. 22.

Der Mittelteil im Trio von Mozarts »Jupiter«-Sinfonie (KV 551) endet mit einer fallenden Quintschrittsequenz (siehe das erste Notenbeispiel auf S. 46). Das Leichte ihres Falls und des chromatischen Abwärtsgangs der Mittelstimme, die Reduktion auf Streicher, das Piano, der durchsichtige Satz: Alles das kontrastiert zu den vollen Takten davor und ihrem markanten Orgelpunkt. Die Sequenz endet mit einer Pointe: Das G^7-C der Bläser hört man als letztes Glied des Falls H^7-E-A^7-D, in Wahrheit ist es bereits Beginn der Reprise.

Eine Durchführung sei aus einer Sinfonie herausgegriffen und einem genauen Studium empfohlen: die Durchführung im Kopfsatz der 1. Sinfonie Beethovens. Denjenigen, die keine Partitur zur Hand haben, mögen einige Hinweise beim Hören helfen (wobei es nicht um die Identifizierung von Tonarten geht, sondern um das Verstehen der kompositorischen Dramaturgie).

Drei harmonische Stadien, die auch in ihrer Motivik entsprechend differenziert sind, lassen sich unterscheiden:

1. *Fallen* (für Partiturleser: T. 110–143): A-D-G-c-f-B (es bleibt für vierzehn Takte), motivisch gestützt zunächst auf den Anfang, dann auf den Schlussgedanken des Hauptthemas, der ab dem c-Moll imitatorisch weitergereicht wird, nun begleitet von tremolierenden Akkorden.

2. *Steigen* (T. 144–159): *B*-Es / *C*-f / *D*-g, weiter mit Kadenzverschränkung: [g]-A-d / [d]-E-a, der Kopf des Hauptthemas hin und her zwischen Holzbläsern und Streicherbässen, ab der Kadenzverschränkung zwischen tiefen und hohen Streichern.

3. *Stehen* (T. 160–173): Das abschließende Tutti – linear und nun homophon in parallel geführten Terzen – bleibt in a-Moll (wieder für vierzehn Takte), im

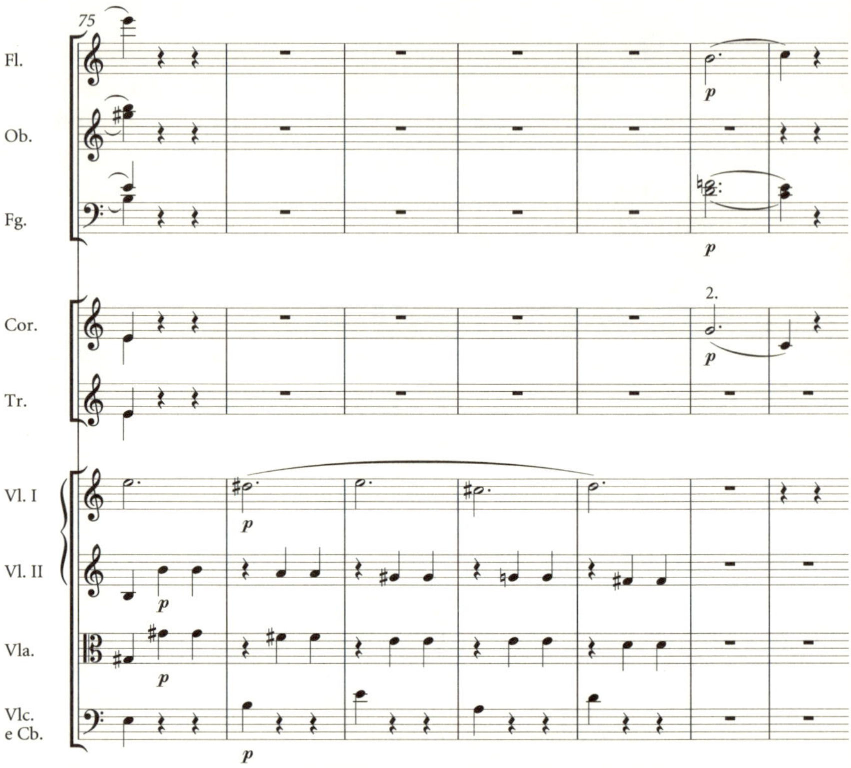

Wechsel nur mit E-Dur, und endet mit Halbschluss. Von ihm aus leitet ein Unisono der Holzbläser – ein gebrochener G^7-Akkord – zur Reprise.

Die Reprise bringt Großes: Fortdauernde Chromatik greift die Halbtöne des Hauptthemas auf, um sie zu einem riesenhaften Zug zu steigern. Hier der harmonische Extrakt der Sequenz (C^7-F / D^7-G / E^7-a …) zum Spielen, Hören, Nachdenken:

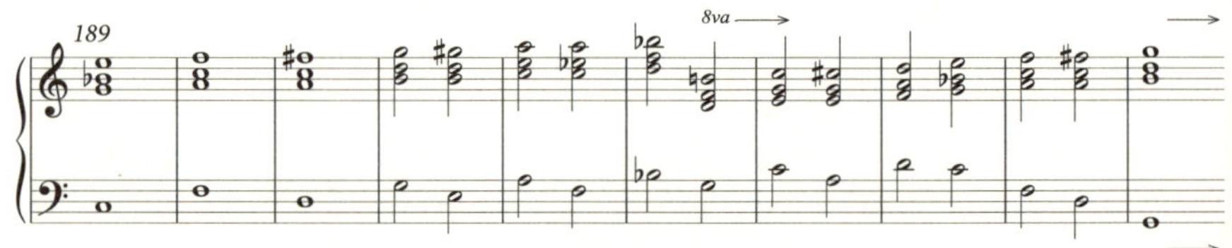

Spielen

▸ Mozart, Klaviersonate a-Moll KV 310, erster Satz: Mit dem H-Dur von T. 58 beginnt die lange, fallende Quintschrittsequenz. Bis wohin in welchem Takt geht sie? Bitte die puren Klangfolgen herausziehen und spielen, ab T. 59 über dem Orgelpunkt H zunächst halbtaktig: rechte Hand e^1-a^1-c^2 (treffender *mit* dem Vorhalt: e^1-h^1-c^2) / *fis*^{1}-a^1-c^2 …

▶ In Musik der Romantik, die zu *Terz*verwandtschaften neigt, verlieren Quintschrittsequenzen an Bedeutung, kommen aber durchaus vor. Zwei Beispiele aus Liedern Schumanns zeigen, dass sie völlig Unterschiedliches verkörpern können, beschwörende Nachdrücklichkeit im ersten, Haltlosigkeit im zweiten Lied:

Er, der Herrlichste von allen (Nr. 2 aus *Frauenliebe und Leben* op. 42): T. 54–60, Rückmodulation von A-Dur zur Grundtonart Es-Dur, als Septakkordsequenz (A^7-D^7 – wie lautet die Fortsetzung?), insistierend mit der Anfangsphrase des Liedes, eingeblendet die motivisch richtige, aber harmonisch zunächst falsche Reprise (T. 57).

Das ist ein Flöten und Geigen (Nr. 9 der *Dichterliebe* op. 48): Der Text gibt den Anlass. Die ganze atemlose Musik ist ein unentwegtes Fallen: acht Takte Orgelpunkt *a*, dann der Fall d-G-C-F-B, weiter mit g-C-F (T. 16). Danach dasselbe transponiert: acht Takte Orgelpunkt *d*, dann der Fall g-C-F-B-Es, weiter – aber länger – mit c-F-B-E-A (T. 34), danach geht alles wieder los – von vorn. Am Schluss kann sich das Nachspiel daraus nur durch einen Bruch befreien: ab *d* chromatisch aufgelöst, wie von Sinnen, die Oktave hinab.

Oktavregel

Die *Regola della ottava*, die »Regel der Oktave«, wurde seit dem 17. Jahrhundert im Generalbass gelehrt: als Möglichkeit, Tonleitern zu harmonisieren. Jedem Basston, schreibt Kirnberger (1776, S. 127), »gebe« man *die* »Harmonie«, die ihm »nach der natürlichsten Bezifferung der Tonleiter zukommt«. Nach Kirnberger »würde die Tonleiter des C dur folgendermassen zu beziffern seyn«:

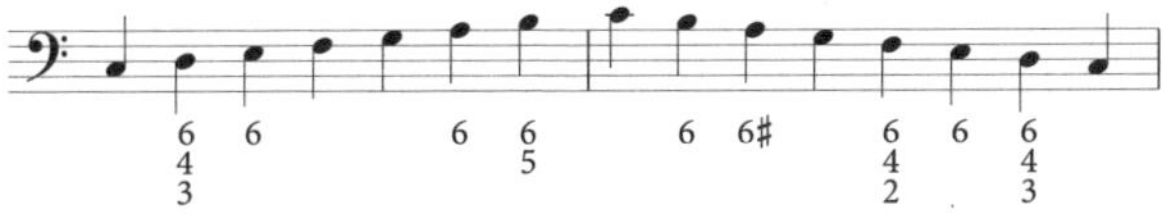

Kirnbergers bezifferter Bass ist eine einfache Version der Oktavregel, die zahlreiche Varianten kennt. Etliche von ihnen bringt C. Ph. E. Bach in seiner Klavierschule (II, 1762), auch mit chromatischen Erweiterungen. Hier vier seiner Skalen (S. 328f.), für Chromatisierung in C-Dur sowie für a-Moll aufwärts und abwärts, mit seiner jeweils alternativen Bezifferung über und unter der Skala.

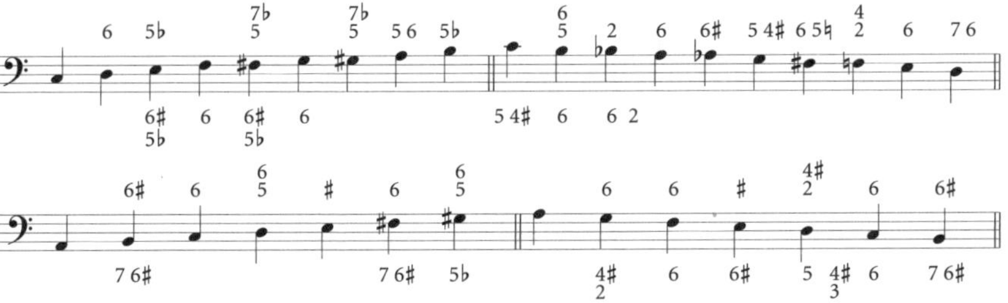

Kirnberger bezeichnet die Oktavregel als ein »Mittel, sehr schnell auf entferntere Akkorde zu kommen«. Man müsse nur einen Basston der Ausgangstonart »zum Intervall einer anderen Tonica machen« und ihm *deren* entsprechende Harmonie geben. Sei man, so Kirnberger, in C-Dur auf H-Dur angekommen und wolle »nach A-Dur gehen«, könne man den Basston *h*, die *Septime* der Tonika C, als *Sekunde* der neuen Tonika A-Dur auffassen und sie der Oktavregel gemäß harmonisieren:

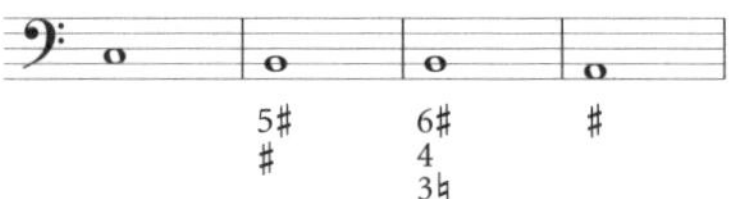

Man kann es sich bildlich vorstellen: Ein Lineal mit den Zahlen 1 bis 7 für die Stufen einer Skala wird so verschoben, dass eine Skalenzahl der Ausgangstonart zu einer Skalenzahl der Zieltonart wird: die 7 von C, wie eben, zur 2 von A; oder die 6 von C zur 5 von d; oder die 1 von C zur 5 von F; oder …

Das Andante aus Beethovens Klaviersonate G-Dur op. 14 Nr. 2

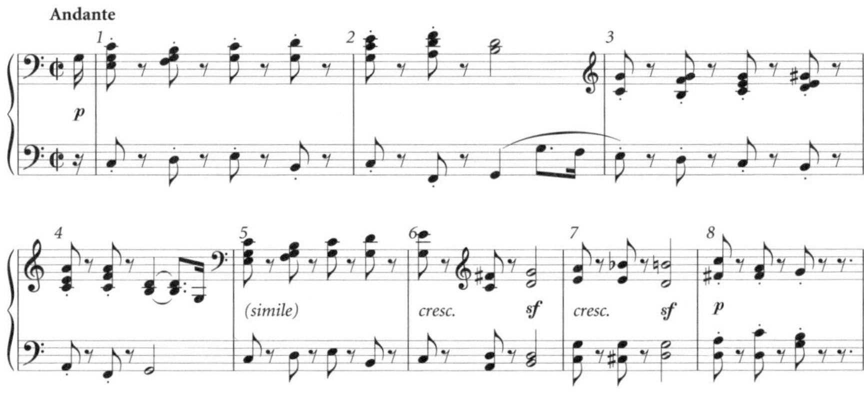

ist ein geradezu schulmäßiges Beispiel. Die Harmonik der Basstöne funktioniert nach Generalbass-Mustern, der Seitenblick nach a-Moll in T. 3/4 geschieht wie eben im Beispiel Kirnbergers (ohne dessen merkwürdigen Umweg über H-Dur), und bei der Modulation zur Dominante G-Dur ist das Lineal der Skala …

Spielen

1. Die oben abgedruckten Skalen von Kirnberger und C. Ph. E. Bach in einigen Dur- und Molltonarten spielen. Entscheidend ist es, sich den »Sitz« bestimmter Harmonien auf bestimmten Skalentönen nachhaltig klarzumachen.

2. C. Ph. E. Bachs chromatisierte C-Dur-Skala aufwärts (*c-d-e-f*-fis-*g*) moduliert zur Dominante, ebenso Kirnbergers diatonische C-Dur-Skala abwärts (*c-h-a-g*). Beispiele in Mozarts Klaviersonaten bitte spielen und durchdenken:

- D-Dur KV 311, erster Satz, T. 10–13: von D-Dur zur Dominante A-Dur, mit dem Bassgang aufwärts *d-[e]-fis-g-gis-a*
- c-Moll KV 457, erster Satz, T. 27–30: von Es-Dur zum Halbschluss B-Dur, mit dem Bassgang abwärts *es-d-c-b*
- »Sonata facile« C-Dur KV 545, letzter Satz, T. 8–12: von C-Dur zur Doppeldominante D-Dur: zunächst nach G-Dur mit einer Bassvariante abwärts *c-h-fis-g*, anschließend – *g* jetzt als Skalenton 1 verstanden – nach D-Dur mit dem Bassgang aufwärts *h-c*-cis-*d*

3. Wer Bachs *Notenbüchlein für Anna Magdalena Bach* zur Hand hat, spiele und durchdenke unter dem Aspekt der Oktavregel einmal zwei Stücke daraus: das allbekannte Menuett G-Dur (Nr. 4) und das Menuett g-Moll (Nr. 5).

Es ist überaus lehrreich, die Menuette auf ihre harmonische Grundlage zu reduzieren und sie zu spielen; eine *drei*stimmige Fassung mit originalem Bass und zwei Oberstimmen reicht aus.

Besonderheiten

Linearität

Linie und Klang sind in Musik grundsätzliche polare Kräfte. Doch in spezifischen Ausprägungen können Linien »Besonderes« werden:

- Als *Unisono*, von dem schon Beethovens Streichquartette häufiger Gebrauch machen
- Als rhetorisch bedeutsamer *Lamentobass*
- Als *chromatische Züge* – man denke an die Takte aus Bachs Präludium (S. 36), an Beethovens 1. Sinfonie (S. 46) oder an Haydns Trio (S. 44), das chromatisierte Harmonik und chromatisiertes Unisono kontrastiert.

Unisono

Stimmen verlassen einen Ausgangsklang, gehen unterschiedlich lange weiter und klinken sich in einen neuen Klang ein. Im Kopfsatz von Beethovens Streichquartett c-Moll op. 18 Nr. 4 zeigt das Ende der Exposition die harmonische Variabilität eines Unisono. Das erste Mal moduliert es von Es-Dur zurück nach c-Moll: Das erreichte *h* wird Terz der Dominante G-Dur. Bei der Wiederholung moduliert es von Es-Dur nach g-Moll: Anstelle von *h* kommt *cis*, und das *cis* wird Leitton der Dominante von g-Moll.

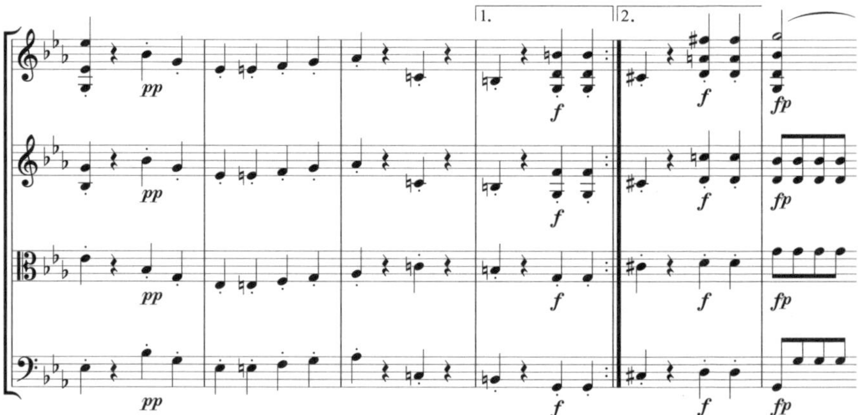

Unisoni sind in Musik der Romantik oft knapper und harmonisch kühner: Ein Unisono eröffnet die Möglichkeit, auf kurzem Wege auch weit entfernte harmonische Räume aufzusuchen. Schumanns fünftes Lied des Zyklus *Myrthen* op. 25 moduliert durch *eine* Bewegung aufwärts von der Dominante H-Dur zum C-Dur des kleinen Mittelteils (Bsp. a). Sein Lied *Im Walde* (Nr. 11 aus dem *Liederkreis* op. 39) gelangt durch *eine* Bewegung abwärts – *d* zu *cis* – von D-Dur nach Fis-Dur; das *cis*, Leitton von D-Dur, wird durch Unterterzung (*cis-ais-fis*) Quinte von Fis-Dur (Bsp. b). Das Andante aus Schuberts Streichquartett G-Dur D 887 (op. 161) führt mit nur zwei chromatischen Schritten (*e-es-d*) von e-Moll fort nach g-Moll: Das *d* wird zum Grundton der Dominante D-Dur (Bsp. c).

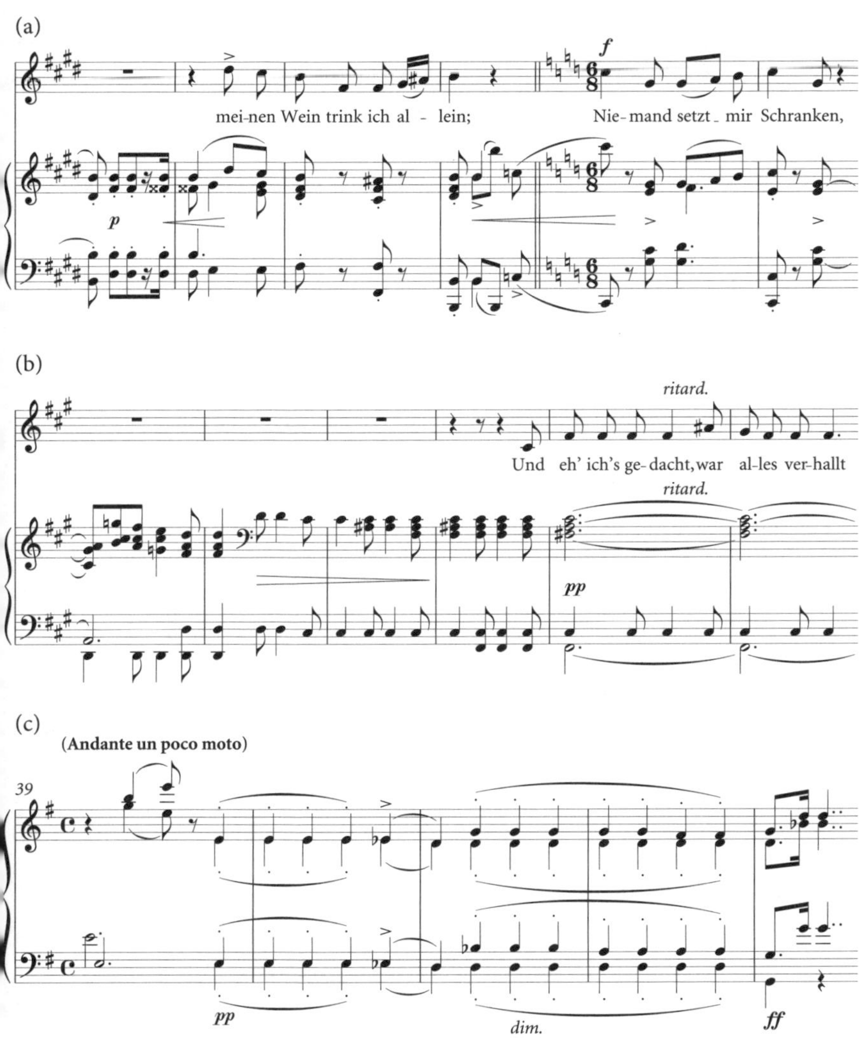

Spielen

Nicht nur am Klavier lassen sich Unisoni ausprobieren: einen Akkord spielen; einen Ton herauslösen; von ihm aus eine Linie spielen; einen erreichten Ton zum Teil eines neuen Klanges machen – der Klang kann Dominante oder gleich eine neue Tonika sein.

Lamentobass

Der *Passus duriusculus*, der »etwas harte Schritt«, ist ein chromatischer Gang vorrangig im Bass und im Rahmen einer fallenden Quarte, beispielsweise a-*gis*-*g*-*fis*-*f*-e, mit typischem Halbschluss (im Beispiel wäre es E-Dur) auf dem letzten Ton. In einfachster Form wird er mit Sextakkorden gesetzt, wie die Formel (i) auf S. 34 zeigt. Seltener sind *steigende* Lamentobässe – so im S. 104f. zitierten Choral, T. 7 mit Auftakt – und *diatonische* Lamentobässe (*a-g-f-e*, Formel h auf S. 34).

Der barocken Rhetorik dient er zum Ausdruck von Schmerz und Klage, darum wird er auch *Lamentobass* genannt. Ein berühmtes Beispiel ist der Passus duriusculus, der als ostinater Bass *e-dis-d-cis-c-h* das Crucifixus in Bachs h-Moll-Messe grundiert. Wenn das Crucifixus nach 12(!)maligem Bassdurchlauf beim 13. und letzten Mal (T. 49ff.) – der Chor jetzt *allein* über dem Bass, ohne die Begleitung der Streicher und Flöten – nach dem *c* ausschert und nach G-Dur moduliert, zur lichten *Dur*parallele, hat diese bewegende Modulation ihrerseits rhetorische (nicht nur formale) Bedeutung.

Seinem Ausdruck gemäß ist der Lamentobass in Moll zu Hause, kommt gelegentlich aber auch in Dur vor. Die ersten zehn Takte von Beethovens 7. Sinfonie A-Dur stützen sich, mit dem Charakter sinfonischer Größe, auf den Bass *a-gis-g-fis-f-e*, ohne noch etwas von »Lamento« zu haben.

Bis in die Romantik hinein gibt es zahlreiche Beispiele, so – mit außerordentlicher Harmonik – Schuberts Lied *In der Ferne* (aus dem *Schwanengesang*). In Schuberts Lied *Rastlose Liebe* op. 5 Nr. 1 (D 138), T. 45ff., ist der Passus duriusculus Textausdeutung (»Wie, soll ich flieh'n? … Alles, alles vergebens.«) und Modulation von a-Moll nach cis-Moll, über chromatisch von *c* bis *gis* fallendem Bass.

Chromatische Züge

Die Wendung von C-Dur nach a-Moll im Andante, T. 3/4, aus Beethovens op. 14 Nr. 2 – abgedruckt auf S. 48 – geschieht mit halbtöniger *Gegenbewegung* von Bass (*c-h*) und Oberstimme (*g-gis*). Als *Klang* ergibt sich ein Terzquartakkord (*) – Dominantseptakkord mit Quinte im Bass –, der sich hier in die Grundstellung auflöst.

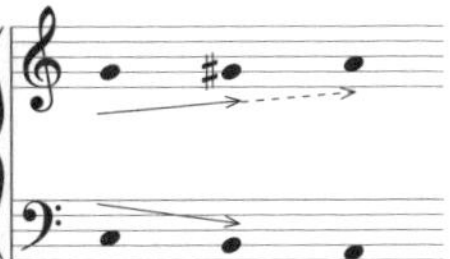

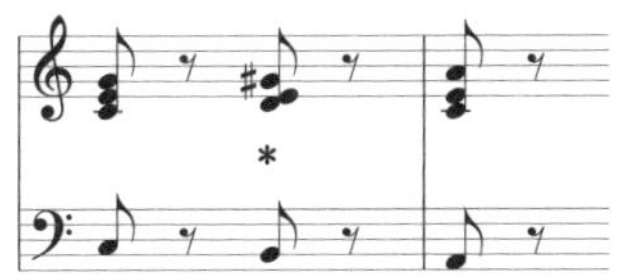

In der Romantik kommt diese modulatorische Wendung zur Mollparallele häufig vor. Hier nur drei Beispiele: (a) aus Schuberts Impromptu op. 90 Nr. 3 (zitiert in der G-Dur-Fassung), T. 9–11; (b) aus Schumanns Lied *Hauptmanns Weib*, Nr. 19 des Zyklus *Myrthen*, T. 32–34; (c) aus Chopins Nocturne op. 62 Nr. 2, T. 4/5, des leichteren Vergleichs wegen nach G-Dur transponiert. In (a) und (c) liegt der chromatische Schritt in einer *Mittel*stimme.

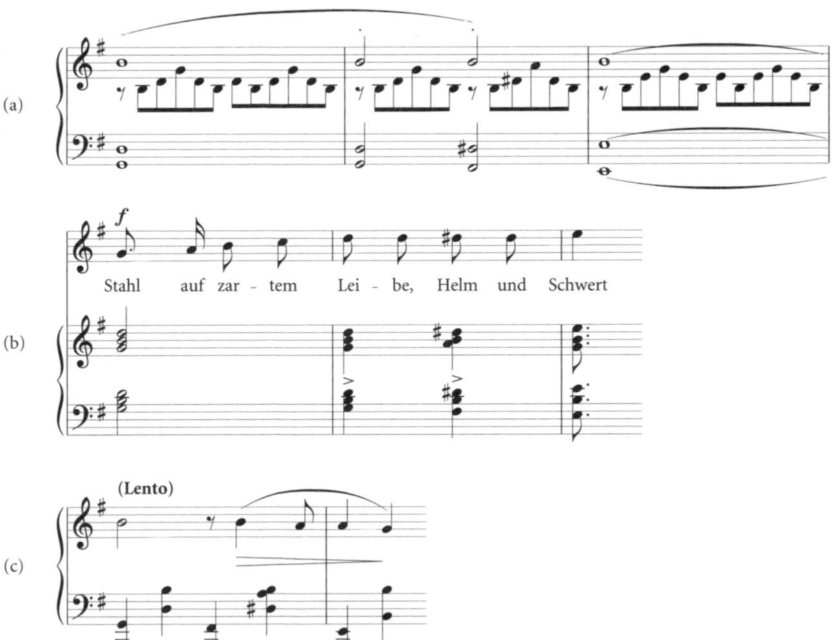

Weitaus angespannter wird der lineare Zug, wenn sich nicht nur eine, sondern *alle* Oberstimmen chromatisch nach oben bewegen. Als *Klang* ergibt sich ein Sekundakkord (*) – Dominantseptakkord mit Septime im Bass –, der sich regulär in einen Sextakkord auflöst:

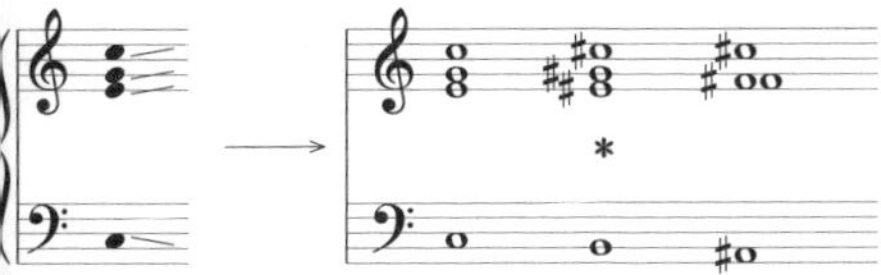

Große Erhabenheit gewinnt daraus der Anfang von Bruckners 9. Sinfonie, wenn sich nach achtzehn Takten reinem d-Moll der Satz chromatisch spreizt: zu dem Sekundakkord Es_7 (T. 19), dem aber *nicht* der Sextakkord von As-Dur folgt, sondern deren Mediante Ces-Dur (T. 21): leuchtende Weitung des harmonischen Raums, mit dem feierlichen Ton der acht Hörner.

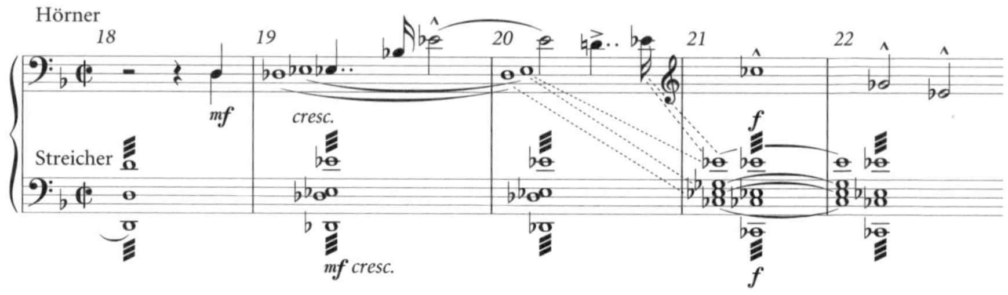

Spielen

Beide Formeln, wie sie über den vorherigen Musikbeispielen stehen, von verschiedenen Tonarten aus spielen:

- Formel 1 (mit Terzquartakkord) entsprechend den zitierten Musikbeispielen in Quint- oder Terzlage beginnen, Formel 2 (mit Sekundakkord) in Terz- oder Oktavlage beginnen (Quintlage würde Quintenparallelen provozieren)
- Abwandlung der Formel 1: den zweiten Akkord nicht in linearer Chromatik erreichen, sondern mit Sprung in die Grundstellung, z. B. D-Dur / Fis^7 in Grundstellung / h-Moll

Lineare Vorgänge haben eine große Kraft, als *Bewegung* wie auch als Stifter von *Zusammenhang*. Das sei noch an einem anderen, winzigen Beispiel veranschaulicht: an T. 12 von Chopins Nocturne op. 9 Nr. 2.

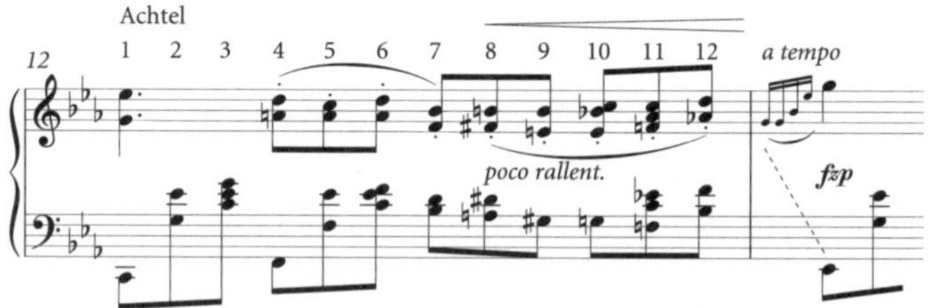

Man schrecke nicht davor zurück, den T. 12 einmal mikroskopisch anzuschauen:

- Bezugstonart ist B-Dur (siebtes Achtel); von da aus geht die Modulation nach Es-Dur in T. 13. Dem B-Dur auf dem siebten Achtel korrespondiert der B-Dur-Septakkord auf dem zwölften Achtel. Die dazwischen liegenden vier Akkorde – H^7, E, C^7, F^7 – wirken wie ein Einschub, der dem Takt erst sein Besonderes gibt:

Ohne diesen sprengenden Einschub wäre der Takt nichts weiter als eine hundertfach gesprochene II(c-Moll)-V(F-Dur)-I-Kadenz in B-Dur, das als Dominante weiter nach Es-Dur führt.

▶ Die Fundamente der anfänglichen II-V-I-Kadenz sind fallende Quintschritte: *c-f-b*. Das Prinzip »Quintschritte« setzt sich in den »eingesprengten« Akkorden fort: Ideell zusammengehalten sind sie in ihren *Grund*tönen durch *steigende Quintschritte* (*h-e* / *c-f*), und ihr *c-f* ist verbunden mit dem anschließenden weiteren Fall *b-es*.

▶ Der Bewegungszug des Basses gründet in seiner chromatischen Linie (ab dem siebten Achtel: *b-a-gis-g-[fis]-f*), die mit dem Quartrahmen *b-f* an den Passus duriusculus erinnert, zusätzlich mit gegenläufiger Chromatik in Tenor (aufwärts: d^1-dis^1-e^1, noch weitergeführt zum f^1), Sopran (b^1-h^1-c^2) und – ab dem zehnten Achtel – Mittelstimme (abwärts: b^1-a^1-as^1-g^1).

▶ Der H-Dur-Sekundakkord (achtes Achtel) nach dem B-Dur verdankt sich einer linearen Energie: Sopran, Alt, Tenor drängen aus B-Dur je einen Halbton nach oben, der Bass einen Halbton nach unten (vgl. auf S. 53 die harmonische Formel mit dem Sekundakkord).

▶ Die Harmonien ab dem sechsten Achtel lassen sich mit der »Oktavregel« fassen. Der Abstieg vom fünften zum ersten Skalenton heißt in Kirnbergers fallender C-Dur-Tonleiter (vgl. S. 47):

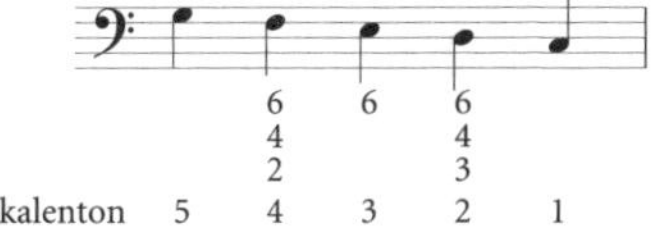

Transponiert man diesen Abstieg, ergeben sich diese Harmonien über dem zweiten und ersten Skalenton in B-Dur und F-Dur und über dem vierten und dritten Skalenton in E-Dur:

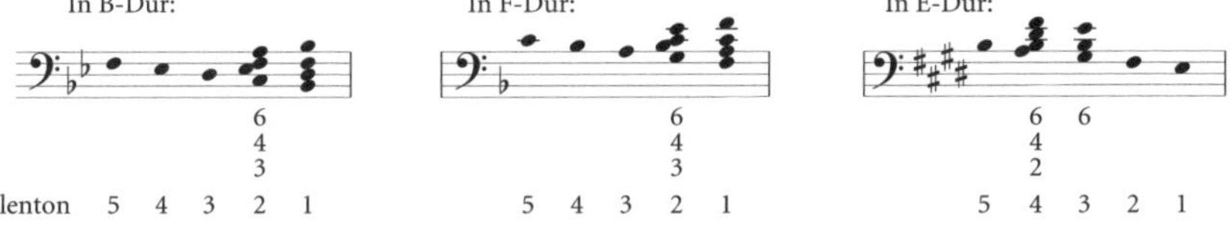

Nichts anderes macht Chopin. Seine Folge beruht lediglich auf Montage, zusammengehalten durch die Chromatik: Die zwei Partikel aus B-Dur (sechstes und siebtes Achtel), E-Dur (achtes und neuntes Achtel) und F-Dur (zehntes und elftes Achtel) sind direkt aneinander montiert.

Jeder Schritt von Klang zu Klang lässt sich »traditionell« erklären. Der gesamte Verlauf aber zeigt sich als ergänzender Kontrast von stabiler Kadenzharmonik und aufgelösten Klangketten, bei denen sich der Hörer, wie die Musik selbst, mehr am Linearen als am Harmonischen festhalten dürfte. Chopin revolutioniert nicht die Klänge, sondern löst sie von früheren Bindungen.

Affektklänge

Der »Neapolitaner«, der verminderte Septakkord und der übermäßige Quintsextakkord sind nach Farbe, Ausdruck, Wirkung besondere Klänge. Als *Modulations*mittel wurden sie (anders als übliche Lehrmeinungen suggerieren) sehr sparsam genutzt: in besonderen rhetorischen Momenten, um sie nicht zu verschleißen.

Für alle drei Klänge sei darum empfohlen, sich im Wesentlichen auf das Hören, Spielen, Erfahren, Durchdenken von Literaturbeispielen zu beschränken.

Neapolitaner

Der *Neapolitanische Sextakkord*, Funktionszeichen s^n, heißt in a-Moll *d-f-b*. Erklärt wird er als IV. Stufe oder als II. Stufe:

(a) Als Mollsubdominante (in a-Moll: *d-f-a*) mit tiefalterierter Sexte statt Quinte (*d-f*-b)

(b) Oder als Sextakkord (d-*f-b*) der tiefalterierten II. Stufe (b-*d-f*)

(c) Statt als Sextakkord tritt er öfter auch in Grundstellung auf, in a-Moll also als b-*d-f*.

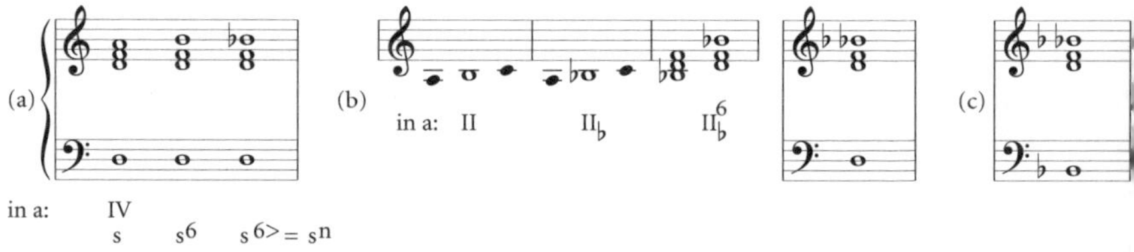

Seinen Namen hat der »Neapolitaner« von der Neapolitanischen Opernschule des 17. und 18. Jahrhunderts: Sie setzte ihn als einen Klang ein, der Leid, Trauer, Schmerz auszudrücken vermochte. Derartige Affekte haben sich beim s^n bis in die Romantik hinein gehalten. In der dritten Strophe von Schuberts Lied *Die Stadt* hebt der s^n von c-Moll (*f-as*-des) »*jene* Stelle« hervor – »wo ich das Liebste verlor« –, die in der ersten Strophe erblickte Stadt nämlich, dort mit dem Klang *f-as*-d und zudem eine Oktave tiefer: gleichsam noch nicht so präsent.

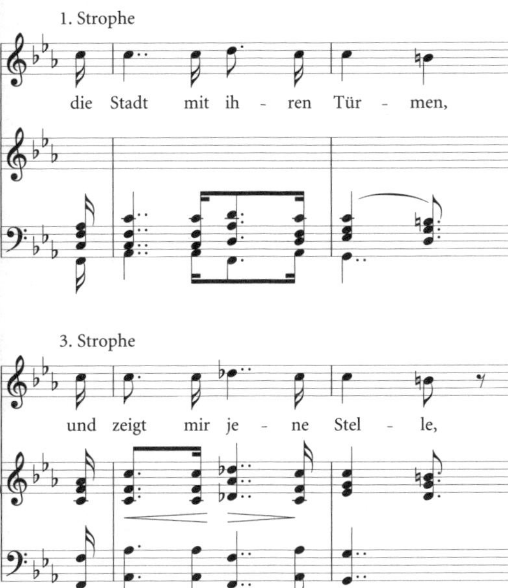

Es verbietet sich eigentlich, ausgerechnet den s^n für platte Tonartenwechsel einzusetzen, gleichwohl treibt Max Reger das auf eine Spitze: Seine kleine *Modulationslehre* (1903) zwängt alle sogenannten »Modulationsbeispiele« in Kadenzen aus drei bis sieben Akkorden, und von den 100 Kadenzen benutzen 65 den Neapolitaner, teils sogar *zwei*mal in *einer* Kadenz. Die Unempfindlichkeit, mit der Reger *den* Klageakkord der Kompositionsgeschichte verramscht, ist irritierend. Hier ein Beispiel mit originalem Kommentar:

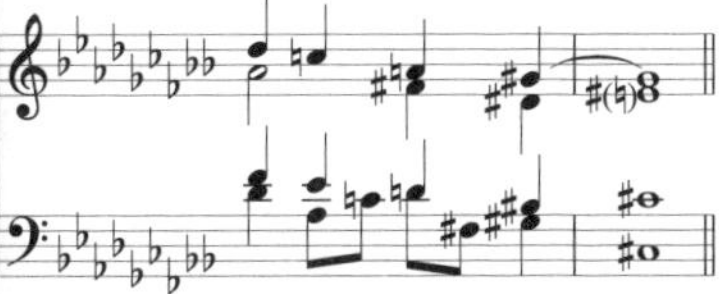

> »Tonika des-moll; Oberdominante (As-dur) von des-moll; Umdeutung der 1. Versetzung dieses As-dur (des Sextaccordes c es as) zum Accord der neapolitanischen Sexte in G-dur; Oberdominante (D-dur) von G-dur; Umdeutung der 1. Versetzung dieses D-dur (des Sextaccordes fis a d) zum Accord der neapolitanischen Sexte von Cis-dur (cis-moll). (Cadenz!)«

Denk- und Leseübungen

- Wie heißen die Töne des s^n in den Tonarten d-, g-, h-, f-, cis-, fis-, e-Moll?
- Wo in Schuberts Liedern *Der Müller und der Bach* (aus *Die schöne Müllerin*) und *Irrlicht* (aus der *Winterreise*) kommt der Neapolitaner vor? Wo steht er, in eigentümlich berührender Farbe, am Beginn von Beethovens »Mondschein«-Sonate (op. 27 Nr. 2)?

Analysieren

Die folgenden zwei Beispiele Schuberts (Quartettsatz c-Moll D 703, T. 1–28; Impromptu c-Moll op. 90 Nr. 1, T. 33–42) modulieren mit demselben s^n zwischen denselben Tonarten, doch wesentlicher ist ihr je Eigenes: Wodurch *unterscheiden* sich die Beispiele in Charakter, Satztechnik, Kontext des s^n, Wirkung?

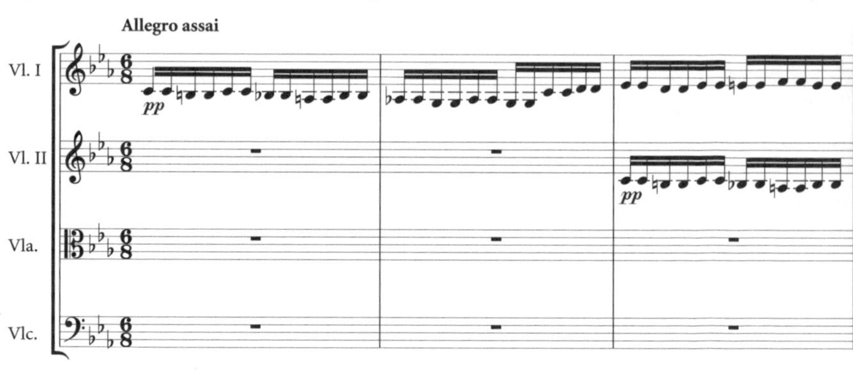

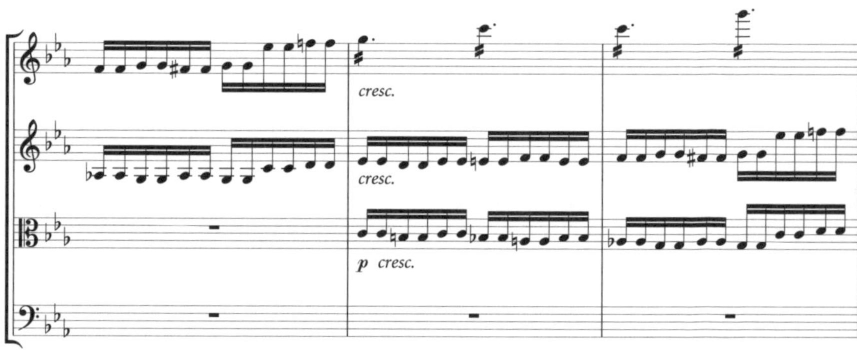

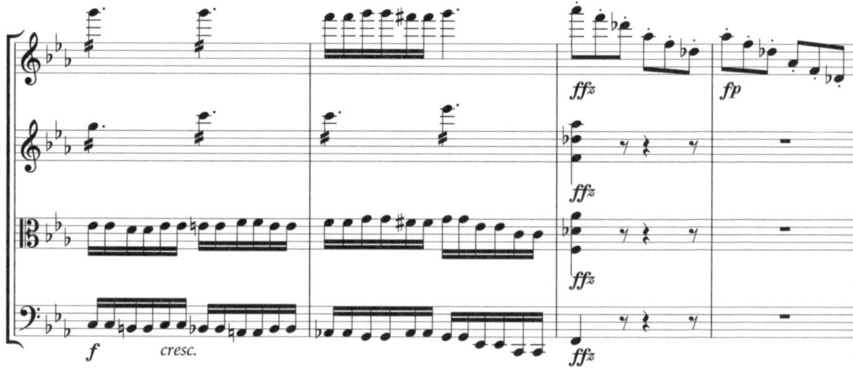

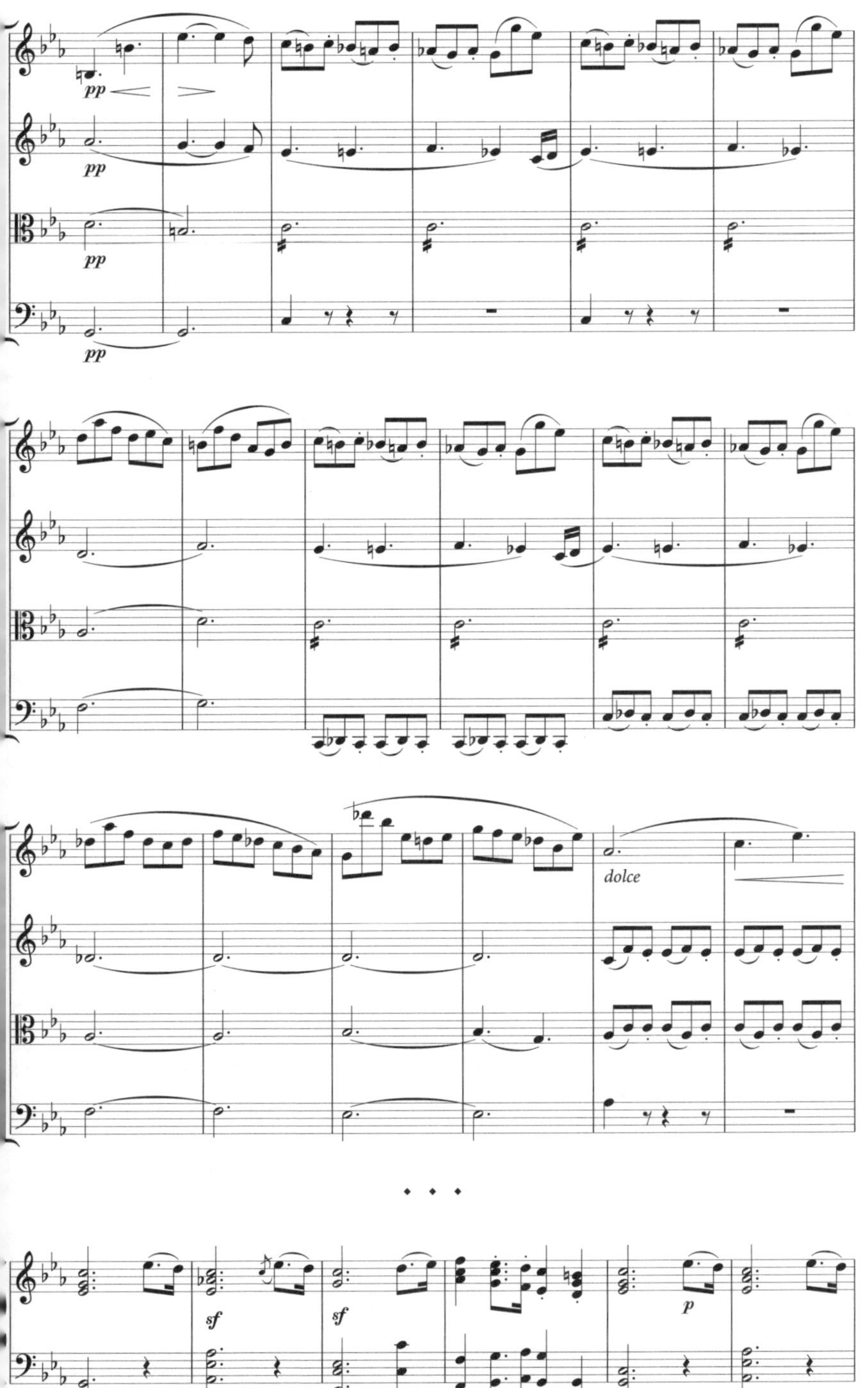
pp
pp
pp
pp
dolce
sf
sf
p

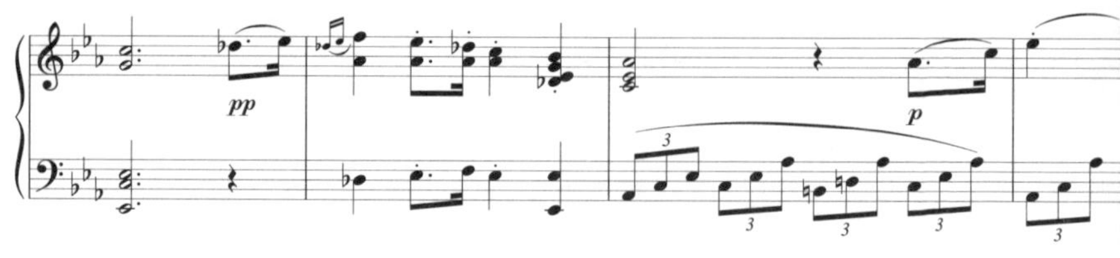

Verminderter Septakkord

Der verminderte Septakkord, Funktionszeichen Dv, heißt in c-Moll: *h-d-f-as*. Der D^v, geschichtet aus drei kleinen Terzen (*h-d* / *d-f* / *f-as*), ist in Moll zu Hause, tritt aber auch in Dur auf. Erklärt wird er von der Dominante her oder als VII. Stufe:

(a) Als Dominantseptnonakkord (in c-Moll: Dominante *g-h-d* mit Septime *f* und None *as*) ohne Grundton

(b) Oder als Septakkord auf der VII. Stufe (in c-Moll: auf *h*)

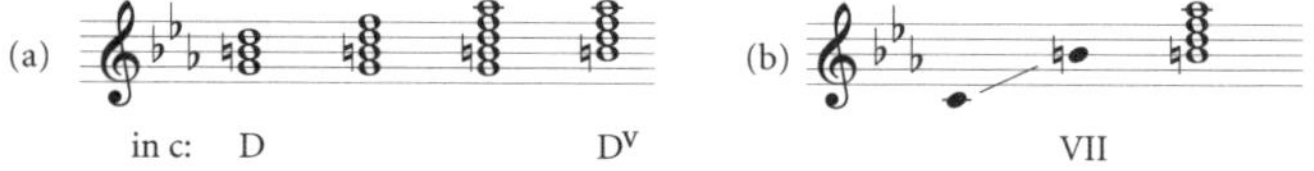

Je nachdem, welcher seiner Töne als *Leitton* aufgefasst wird, führt ein D^v zu verschiedenen Tonarten. Beim D^v von e-Moll beispielsweise kann außer natürlich *dis* auch *fis* oder *a* oder *c* (alternativ – und leichter zu lesen: *his*) zum Leitton werden[6], mit entsprechender Notation der verbleibenden Töne als kleine Terzen:

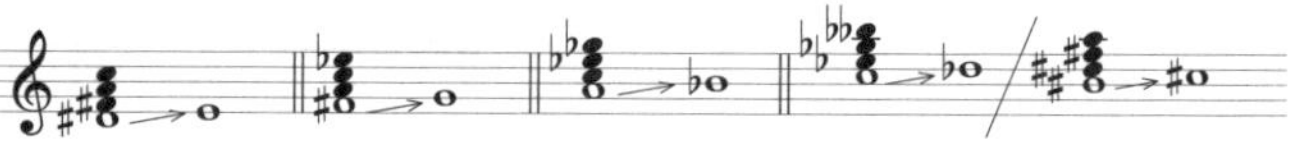

Üben

Der D^v ist leicht zu finden, indem man über dem Leitton einer Tonart (Beispiel: f-Moll = Leitton *e*) drei kleine Terzen übereinanderstellt (in f-Moll: *e-g-b-des*). Man muss nur darauf achten, die Töne korrekt zu benennen: als *kleine Terzen*, also *b*-des, nicht *b*-cis.

Wie heißt der D^v in cis-, d-, fis-, g-, a-, b-, h-Moll? In welche Tonarten könnten sich diese D^vs auflösen?

6 Ich beschränke mich hier auf näherliegende Tonarten. Natürlich kann statt *dis* auch *es* zum Leitton werden und nach *fes* führen; statt *fis* kann auch *ges* Leitton werden und nach *asas* führen; und wenn man statt *a* ein *heses* liest, würde die Sache vollends zur Denksportaufgabe …

In seiner *Harmonielehre* (1911, S. 287) fasste Arnold Schönberg anschaulich in Worte, welche »große Rolle« der D^v »in der älteren Musik« gespielt hat:

> »Wenn ein Stück ›chromatische Phantasie und Fuge‹ heißt, so darf man gewiß sein, daß er eine Hauptrolle bei der Entstehung dieser Chromatik spielt.«
>
> Und »wo es sich um den Ausdruck des Schmerzes, der Erregung, des Zornes oder sonst eines heftigen Gefühles handelt, dort findet man fast ausschließlich ihn. So ist es bei Bach, Haydn, Mozart, Beethoven, Weber usw. Noch in Wagners ersten Werken spielt er diese Rolle.«

Bachs *Fantasie* aus seiner *Chromatischen Fantasie und Fuge* BWV 903 beispielsweise ist durchzogen von verminderten Septakkorden. Und der Bach-Choral *Wir Christenleut* BWV 40 bringt den D^v zum zweiten »Sünd«, durch Chromatik in Alt und Bass geradezu herausgepresst aus dem c-Moll-Akkord:

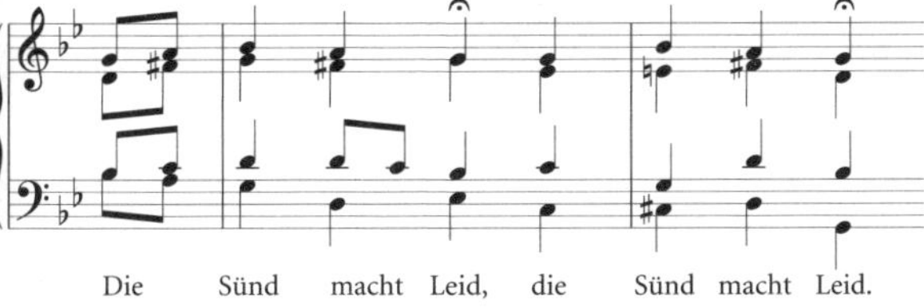

Spielen und Lesen

▶ Wo setzt Schuberts Lied *Der Tod und das Mädchen* den D^v ein? Wo und warum treten in Schumanns Lied *In der Fremde*, Nr. 1 im *Liederkreis* op. 39, unmittelbar hintereinander der Neapolitaner und der verminderte Septakkord auf?

▶ C. Ph. E. Bach ordnet den D^v der »freyen Fantasie« zu, im letzten Kapitel seiner Klavierschule (II, 1762): Der D^v erlaube es, auf »angenehm überraschende Art in die entferntesten Tonarten zu kommen« (S. 335). Denn eine Fantasie sollte »vorzüglich gebrauchet werden«, um »die Leidenschaften« zu »erregen« und zu »stillen« (S. 336): Der Affektbezug ist überdeutlich.

C. Ph. E. Bachs Musik liebt solche »vernünftigen Betrügereyen« (S. 330). Das folgende Notenbeispiel zeigt einige Takte aus einem Rondo (!) in seinen *Clavier-Sonaten nebst einigen Rondos fürs Forte-Piano, Dritte Sammlung*, 1781. Einen Hinweis auf harmonisch Unerwartetes gibt die Dynamik. Tipp: die D^vs doppelt betrachten – als was sie eingeführt werden und wie sie von ihrer Weiterführung her aufzufassen sind. C. Ph. E. Bach notiert die Töne nicht um.

Das Spielmuster C. Ph. E. Bachs ließe sich übernehmen für eine eigene Modulations-Improvisation; ihren harmonischen Weg könnte man sich zuvor in Akkordsymbolen aufschreiben.

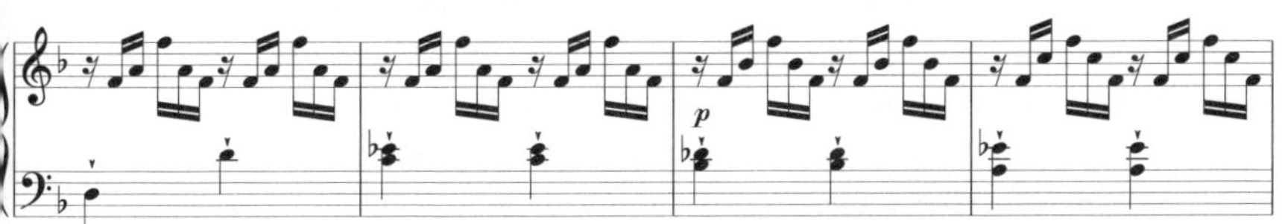

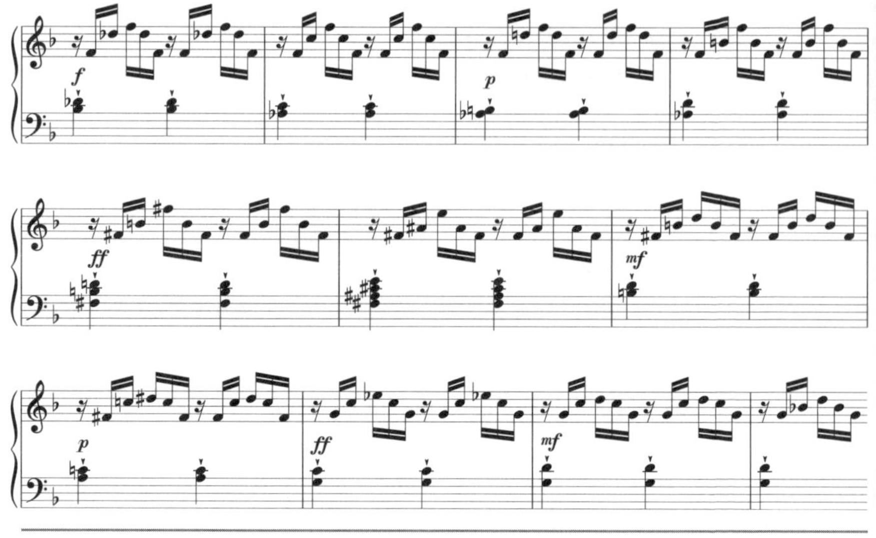

Übermäßiger Quintsextakkord

Die Takte 13–18 aus Beethovens Klaviersonate F-Dur op. 10 Nr. 2 sind überraschend:

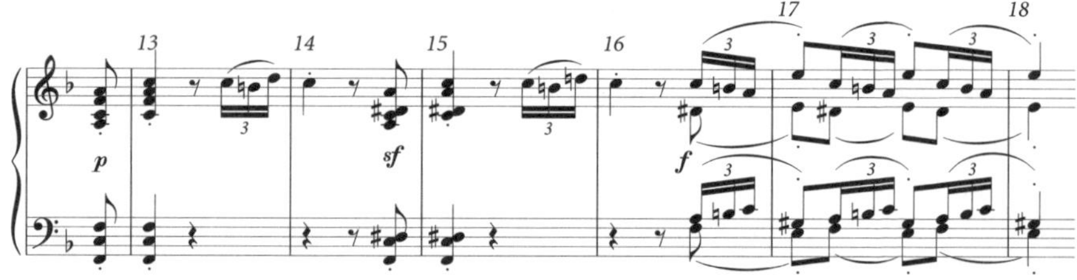

Den Klang in T. 14/15 *hört* man als Dominantseptakkord (D^7): *f-a-c*-es. Der Leser dagegen *sieht* Beethovens Notation *f-a-c*-dis: Die vermeintliche Septime *es* ist in Wirklichkeit die übermäßige Sexte *dis*. Der Klang *f-a-c-dis* ist von seinem Intervallaufbau her ein *übermäßiger Quintsextakkord* und löst sich in einer phrygischen Wendung nach E-Dur auf, gleich *drei*mal – als ob nachdrücklich bestätigt werden solle, dass die unerwartete Auflösung tatsächlich die »richtige« ist.

Ein D^7 und ein übermäßiger Quintsextakkord klingen gleich: Ein *g-h-d*-f kann darum *g-h-d*-eis bedeuten und umgekehrt. Entsprechendes gilt für die Klanggleichheit von D^7 und übermäßigem *Sext*akkord, ohne Quinte (*g-h*-f ≈ *g-h*-eis – ohne die Quinte *d*). Ob aber ein D^7 oder ein Übermäßiger vorliegt, weiß der *Hörer* erst im Nachhinein – anhand der Art ihrer Weiterführung:

▸ Ein D^7 zieht sich nach *innen* zusammen, wegen des *auf*wärts strebenden Leittones und der *ab*wärts strebenden Septime (a).

▶ Ein übermäßiger Quintsextakkord strebt nach *außen*: in einer phrygischen Wendung (b); als Kadenz zu einer *Moll*tonika (c); mit eindrucksvoller Aufhellung zu einer *Dur*tonika (d).

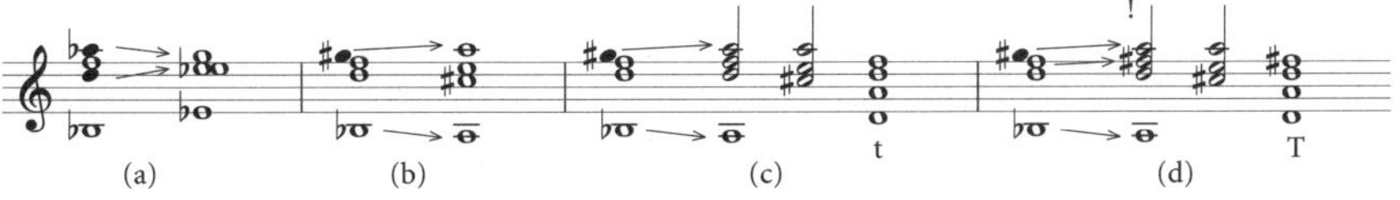

Spielen

Man bilde Dominantseptakkorde, denke und spiele ihre Auflösung, fasse dann die kleine 7 als übermäßige 6 auf (korrekt benennen!) und löse den »neuen« Akkord auf, in dreifacher Weise wie im Notenbeispiel eben.

Umgekehrt (was in Musik weniger häufig vorkommt): Man bilde übermäßige Quintsextakkorde, denke und spiele …

Komponisten gewinnen aus der Vertauschung dieser beiden Akkorde verschiedene, faszinierende Wirkungen: Licht, Pathos, Glanz, Emphase … Ein grandioses Beispiel gibt der langsame Satz von Beethovens 5. Sinfonie: Die Takte 29–31 (und noch einmal T. 78–80) führen mit dem notierten Klang *as-c-es*-fis, den der Hörer als *as-c-es*-ges versteht, triumphal aus As-Dur nach C-Dur. Bitte anhören – man braucht dazu die Noten nicht!

Analysieren

▶ Die folgenden Takte stehen gegen Ende in Beethovens *Rondo a capriccio* op. 129 (»Die Wut über den verlorenen Groschen«):

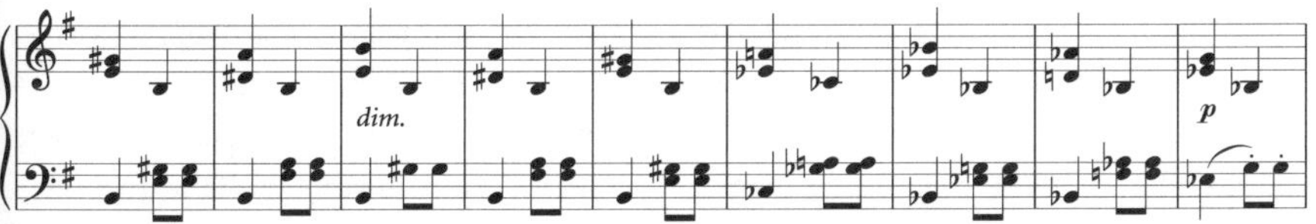

▶ Mozart, Klaviersonate a-Moll KV 310, erster Satz, Beginn des Durchführungsteils (T. 50–58)

Nicht *jeder* übermäßige Quintsext- oder Sextakkord ist allerdings »besonders«: Der Klang wird in klassisch-romantischer Musik auch als Topos eingesetzt.

Vokalmusik benutzt ihn gern in einer phrygischen *Frage*formel, so in Mozarts *Zauberflöte* bei Taminos Frage im »Tempel der Weisheit«:

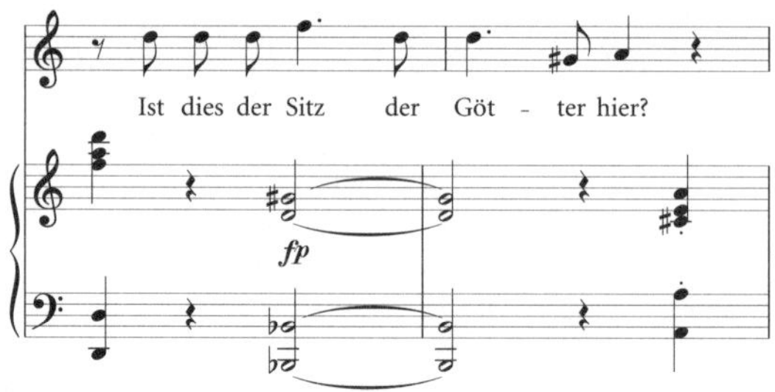

Instrumentalmusik benutzt ihn stereotyp zur Rückmodulation in immer derselben Technik: Ein erreichter Durakkord wird durch eine zugefügte hochalterierte Sexte zum Übermäßigen und leitet mit einer phrygischen Wendung zur Dominante, die zur Tonika führt. Dafür nur *ein* Beispiel von unzähligen: die letzten sechs Takte von Beethovens Klaviersonate c-Moll op. 13, die von As-Dur nach c-Moll zurückmodulieren:

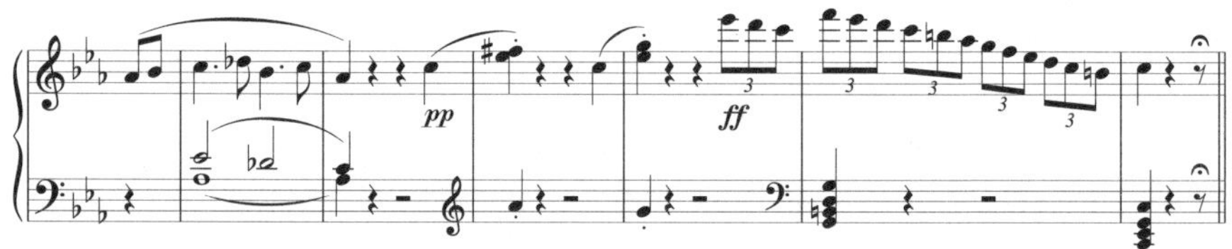

Teufelsmühle

Die im 18. Jahrhundert sogenannte »Teufelsmühle« könnte im Kapitel »Sequenzen« stehen, doch ihrer Besonderheit und Exzentrik wegen gehört sie hierher. Über chromatisch steigendem (seltener chromatisch fallendem) Bass sequenziert sie eine dreigliedrige Akkordfolge: verminderter Septakkord / Mollquartsextakkord / Dominantseptakkord. Beginnen kann die Sequenz mit jedem der drei Akkorde, aufhören kann sie durch Abbruch oder eine irgendwo gesetzte Kadenzwendung – nur so kann sie sie aus dem Kreisel herauskommen. Denn das »Teuflische« ist, dass die Sequenz den klanglich immer gleichen Verminderten erreicht und dass sie, komplett durchschritten, wieder an ihrem Ausgangspunkt anlangt.

In seinem Lied *Der Wegweiser* aus der *Winterreise* hat Schubert das wohl prominenteste Beispiel komponiert. Die Ausweglosigkeit des Wanderns konnte er nicht schrecklicher darstellen: Die Strecke beginnt in g-Moll, durchläuft die Teufelsmühle mit chromatischem Bass von *cis* bis *a* (ein folgendes *b* hätte erneut zum Verminderten von T. 3 geführt) und endet T. 13 wieder in g-Moll; den Basston *fis* mit einem Dominantseptakkord spart Schubert nach dem *f* in T. 7 aus, vielleicht weil das *fis* in T. 11 eintritt.

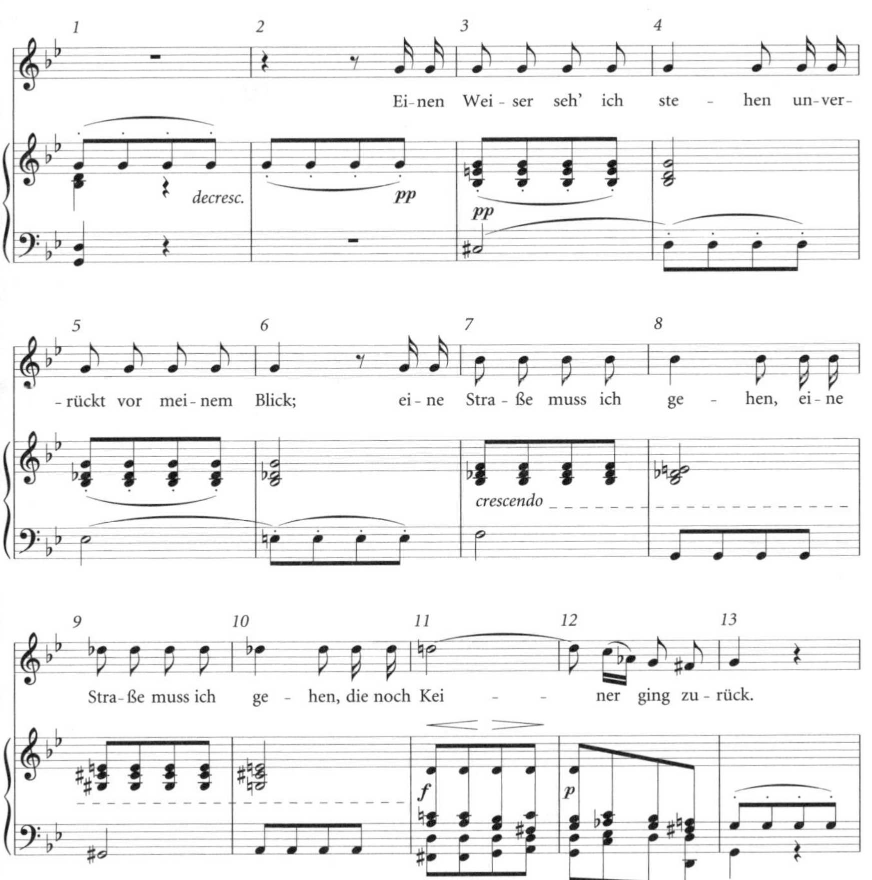

Tatsächlich ist Schuberts Darstellung noch schrecklicher als oben gesagt. In T. 9 spaltet sich die Schreibweise: Der Sänger bleibt im b-Bereich, der Klavierpart wechselt zur Kreuznotation. Die Notation mag eine Lesehilfe sein – cis-Moll und A-Dur-Septakkord in T. 9/10 sind angenehmer zu lesen als des-Moll und Heses-Dur-Septakkord –, sie könnte aber auch ein Zeichen sein. Denkt man ab T. 9, der b-Notation des Sängers folgend, alle Klavierklänge weiter im b-Bereich, endet T. 13 *nicht* »wieder in *g*-Moll«, sondern in *asas*-Moll. Es *scheint* nur so, als sei der Wanderer im Kreis gelaufen – harmonisch gesagt: von g-Moll nach g-Moll –, doch in Wirklichkeit ist er gar nicht wieder am Ausgangspunkt, sondern unfassbar weit fort, wobei aber asas-Moll wie g-Moll »aussieht«, der *tatsächliche* Ort also überhaupt nicht mehr festzumachen ist.

In *Vokalmusik* spielt die Teufelsmühle immer eine besondere Rolle. »Und die Erde erbebete«, heißt es im Rezitativ in Bachs *Matthäus-Passion* nach dem Tod Christi, der bildhaft tremolierende Bass zieht vom *C* (C-Dur) chromatisch hinauf zum *F* (f-Moll) und danach noch chromatisch weiter, ab *Cis* mit der Folge: Verminderter / Mollquartsextakkord / Dominantseptakkord / Verminderter. Im Finale von Mozarts *Don Giovanni* erscheint der Komtur dem Leporello; die unterlegte Teufelsmühle steht für das Erschreckende und Unheimliche dieser Erscheinung. In Beethovens *Fidelio*, im Quartett Nr. 14, wütet Pizarro (»Pizarro … steht nun als Rächer hier«), der Bass steigt mit der Teufelsmühle aufwärts, jede Harmonie *zwei*taktig, vom *G* (c-Moll-Quartsextakkord) bis zum *cis* (fis-Moll-Quartsextakkord), das zum Leitton wird, um nach den harmonischen Ausbrüchen zurück zu modulieren zu D-Dur.

In *Instrumentalmusik* bewahrt die Teufelsmühle ihren besonderen Charakter, der vor allem von dem speziellen Ausdruck ihrer drei Klänge herrührt. Beethoven, 2. Sinfonie, erster Satz: Kurz vor Schluss des Satzes (T. 326ff.) durchläuft das Tutti – Beginn und Ende mit dem Dominantseptakkord über *d* – die komplette Folge: eine Gegenwelt zu den folgenden Kadenzen in D-Dur, die umso nachdrücklicher wirken. Beethovens Akkordfolge lautet[7] (wegen der besseren Lesbarkeit sind die Stimmen ab dem sechsten Akkord oktavversetzt notiert):

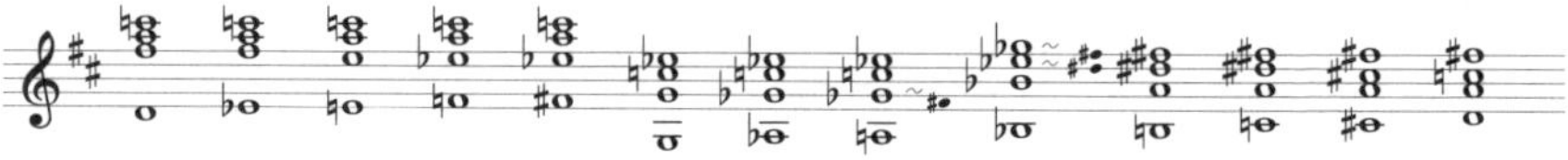

Hören und Lesen

Beethoven, Streichquartett op. 18 Nr. 6, vierter Satz, *La Malinconia* (Die Schwermut): Wo und warum gerade in *diesem* Satz ist eine (modulierende) Teufelsmühle platziert?

Wer von dem Quartett keine Partitur, aber eine Aufnahme zur Hand hat, kommt auch damit aus: Die Teufelsmühle ist hörend gut zu erfassen.

Meist aber werden nur Ausschnitte der Teufelsmühle benutzt. Brahms, Anfang der 4. Sinfonie: vier Takte Kadenz über dem Orgelpunkt *e*; vier Takte *steigende* Quintschrittsequenz (C-G / d-a) bei *fallender* Melodie; und dann, ab T. 9, vier Takte harmonisch weiter auflösende und vorantreibende Teufelsmühle, die »falsch« und darum so leuchtend mit einem *Dur*-Quartsextakkord aufhört: Die Musik gerät immer mehr in Bewegung. Der Anfang, in seinem harmonischen Verlauf dargestellt, lautet:

7 Die Notation der Teufelsmühle gelangt zwangsläufig an einen Punkt, an dem Töne umzuschreiben sind. Beethovens Partitur notiert über dem *as* und *a* im Bass nicht *ges*, sondern *fis*, und über dem *b* im Bass nicht einen reinen es-Moll-Quartsextakkord (*b-es-ges*), sondern *b*-dis-fis als Vorgriff auf den nachfolgenden Dominantseptakkord über *h*; in den Flöten aber steht bei beiden Harmonien *es-fis*.

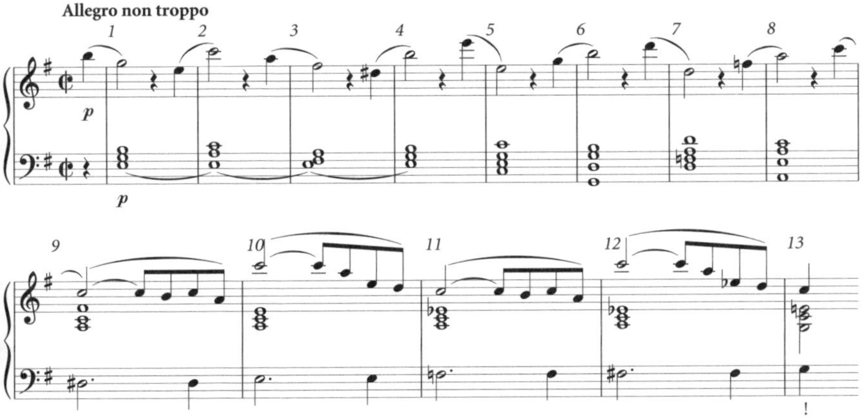

Moll in Dur

Ein Moll in Dur wirkt als starkes Signal. Schon die Klassik schlägt dadurch Brücken, wenn das Moll vorausweist auf eine neue Tonart. (Das Umgekehrte, dass Moll zu Dur und dadurch zur Dominante wird, kommt seltener vor, etwa im Kopfsatz von Beethovens Klaviersonate c-Moll op. 13, »Pathetique«: Über dem bohrenden Orgelpunkt wird in T. 1–4 des Allegro-Themas – mehr herrische Geste als harmonischer Gang – aus c-Moll C-Dur und C^7 zur Subdominante f-Moll.)

Typisch für »Moll in Dur« sind diese beiden Vorgänge:

- Ein Durakkord *verändert sich* zu einem Mollakkord.
- Eine Durtonart *bringt* einen Mollakkord.

Die Mollakkorde werden zum leitereigenen Klang einer neuen Tonart oder sie vermitteln zu einer neuen Tonart.

Die folgenden Beispiele aus Klaviersonaten Beethovens und Mozarts zeigen diese typischen Wege:

(a) Beethoven, A-Dur op. 2 Nr. 2, erster Satz, Übergang vom Schluss der Exposition zum Beginn der Durchführung: E-*Dur* wird zu e-*Moll*, sofort genommen als III. Stufe in C-Dur. (Auf S. 70 steht die gleichfalls bemerkenswerte Fortsetzung dieser Takte.)

(b) Mozart, D-Dur KV 576, erster Satz, Übergang von der Exposition zur Durchführung: A-*Dur* wird zu a-*Moll*, a-Moll vermittelt zu F-Dur, F-Dur als Dominantseptakkord führt weiter nach B-Dur.

(c) Beethoven, F-Dur op. 10 Nr. 2, erster Satz, Scheinreprise in *D*-Dur mit Modulation zur regulären Reprise in *F*-Dur: D-Dur bringt seine *Moll*subdominante g-Moll. Sie wird II. Stufe in F-Dur und leitet über C^7 dorthin; die fallenden Quintschritte *d-g-c-f* sorgen zusätzlich für Zusammenhalt.

Die *harmonischen* Veränderungen sind so sinnfällig, weil alle drei Beispiele – Mozarts Spielfigur am eindrücklichsten – das *Motivische* beibehalten. Dieses klassische *Ausgleichsprinzip* kann man sich nicht tief genug einprägen: Eine Modulation vollzieht einen *harmonischen Wechsel* bei weitgehender *motivischer Identität* bzw. *Korrespondenz*.

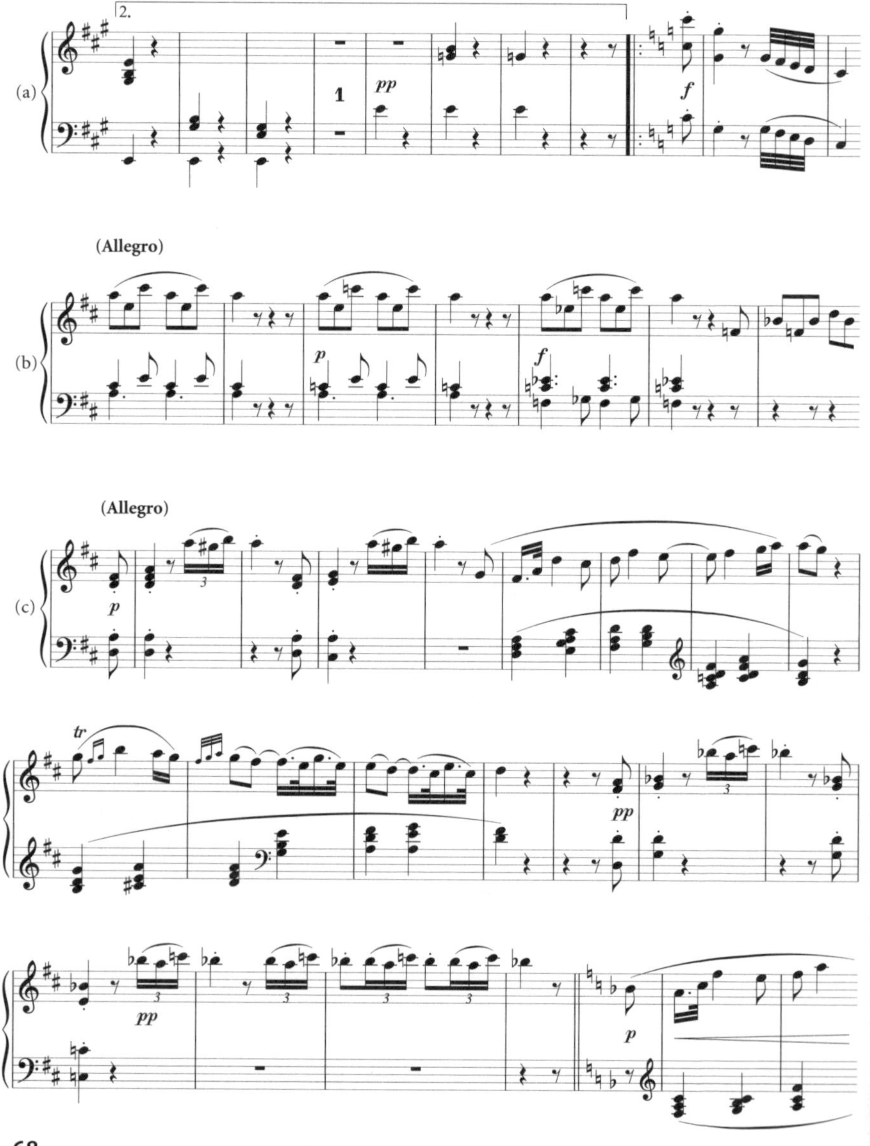

Man spiele und durchdenke auch die beiden folgenden Ausschnitte aus Klaviersonaten Schuberts (A-Dur D 959, erster Satz, T. 60–65; B-Dur D 960, zweiter Satz, T. 68–73).

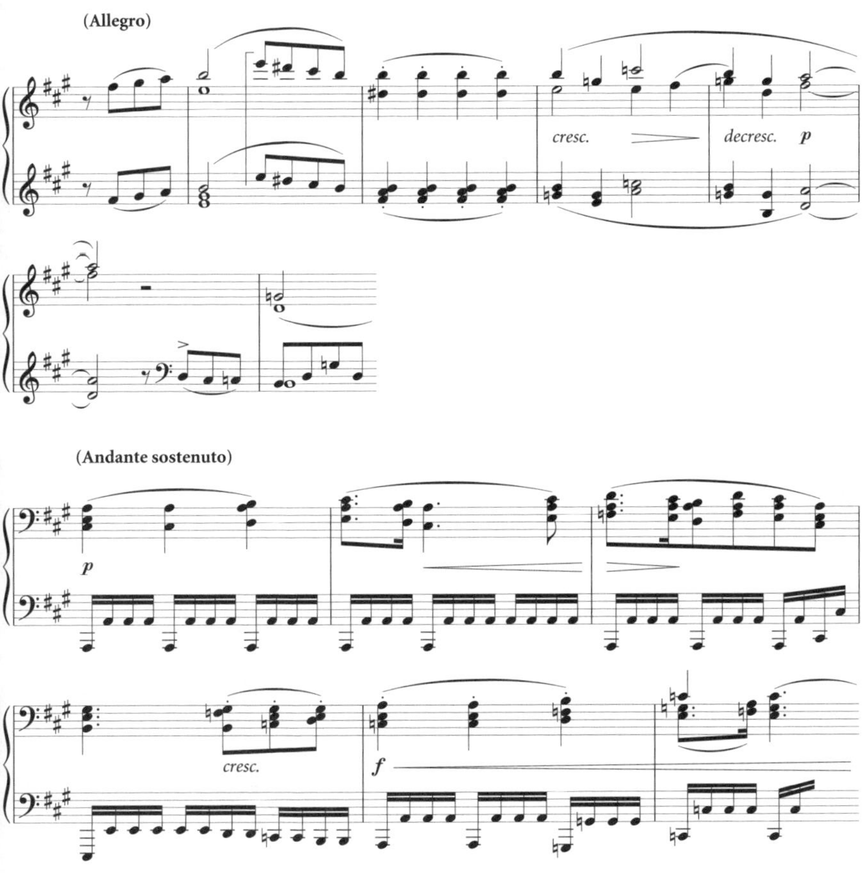

Spielen

Aus den oben abgebildeten Musikbeispielen (Beethoven, Mozart, Schubert):

- Die Hauptakkorde ihrer Modulation herausschreiben (dafür reichen Akkordbuchstaben) – z. B. im zweiten Beispiel Schuberts: A (T. 1/2), d/A (T. 3) …
- Diese Akkorde in ihrem Ablauf spielen
- Das harmonische Geschehen innerlich genau nachvollziehen
- Von einigen *anderen* Durtonarten aus spielen (in Betracht kämen hier C-, Es-, F-, G-, As- und B-Dur)

Trugschluss

Beethoven, Klaviersonate A-Dur op. 2 Nr. 2, erster Satz, Beginn der Durchführung:

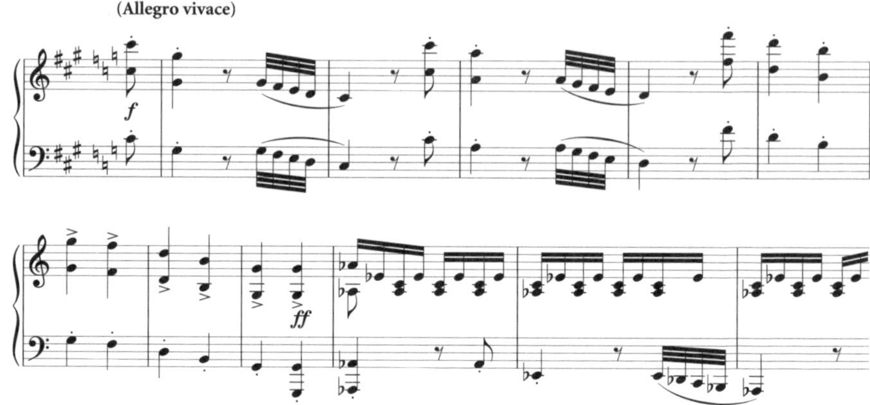

Schumann, *Waldesgespräch*, Nr. 3 im *Liederkreis* op. 39, Übergang zur zweiten Strophe:

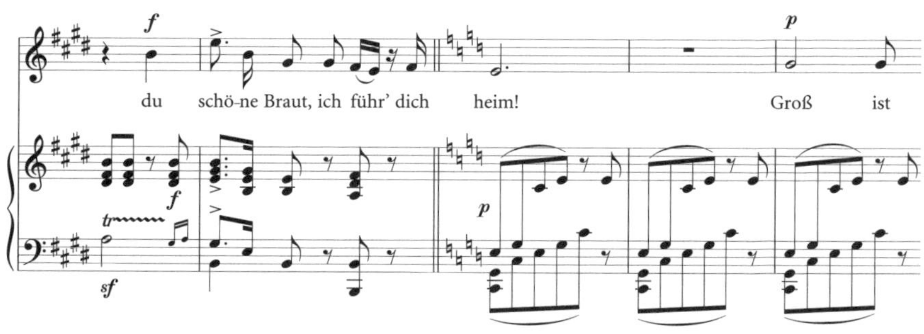

Beide Male bewirkt der harmonische Vorgang eine formale wie inhaltliche Markierung: bei Beethoven als Beginn der eigentlichen Durchführung, bei Schumann als letztes Wort (»heim«) der ersten Strophe. Beide Male wird dafür ein Varianttrugschluss (zum Begriff siehe unten) genutzt: Bei Beethoven folgt in C-Dur auf den gebrochenen G^7-Akkord As-Dur; bei Schumann folgt in E-Dur auf den H^7-Akkord C-Dur. Und beide Male bleibt die Tonart des Trugschlusses einfach neue Tonart: Der klanglich überraschende Wechsel fungiert ohne ein weiteres Zutun als Modulation.

Denkübungen

Bei einem »schulmäßigen« Trugschluss folgt auf die Dominante der Akkord der VI. Stufe: in C-Dur also a-Moll, in E-Dur cis-Moll; und in c-Moll As-Dur, in e-Moll C-Dur. Bei einem *Variant*trugschluss übernimmt eine *Dur*tonart die VI. Stufe ihrer *Moll*tonart (ihrer »Variant«tonart): C-Dur also *As*-Dur (übernommen aus c-*Moll*), E-Dur also *C*-Dur (übernommen aus e-*Moll*).

▶ Wie heißen in den Durtonarten … und in den Molltonarten … die normalen Trugschluss-Tonarten? (Tipp: In der jeweiligen Tonart umgehend die VI. Stufe finden.)

▶ Wie heißen in den Durtonarten … die Varianttrugschlüsse?

Spielen und Lesen

▶ Beethoven, Klaviersonate D-Dur op. 10 Nr. 3, Rondo, T. 29ff.

▶ Schubert, das Lied *Kriegers Ahnung* (Nr. 2 aus dem *Schwanengesang*), hier als »normaler« Trugschluss bei Eintritt der zweiten Strophe, die zugleich einen Wechsel in allem bringt, in Takt, Tempo, Satzart, Rhythmus, Melodiegestalt, Ausdruck.

Schnitt

Ein neuer, motivisch verwandter Gedanke tritt ein, nach dem Halbschluss C-Dur und erwartungsvoller Pause unvermittelt in As-Dur (a). Der Mittelteil setzt sich durch B-Dur und Orgelpunkt ab (b). Die Exposition endet regulär auf der Dominante F-Dur, die Durchführung ändert abrupt die harmonische Situation (c):

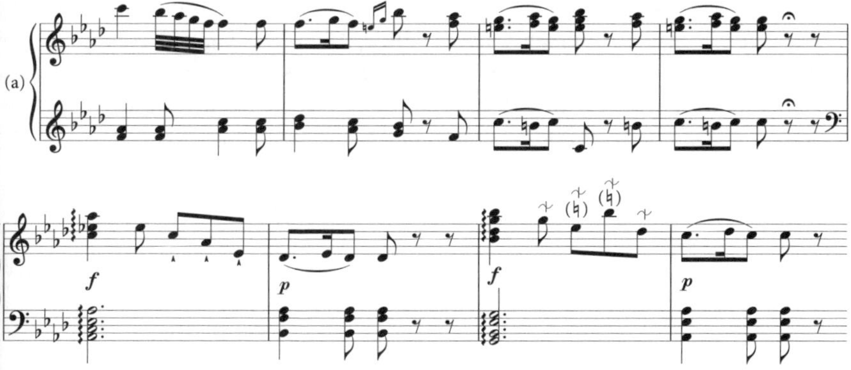

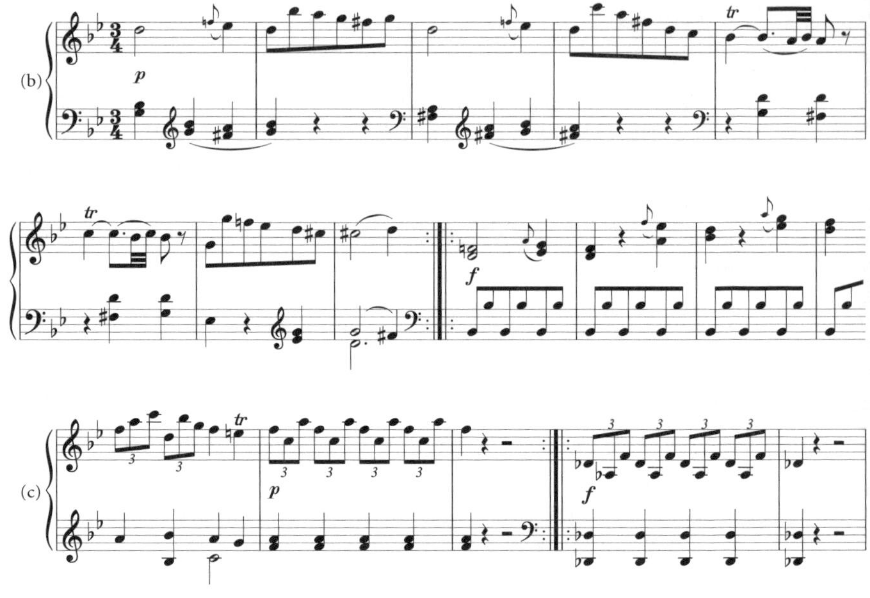

Das sind Beispiele aus Haydns Klaviersonaten (F-Dur, Hob. XVI:47, Larghetto, T. 5–12; G-Dur, Hob. XVI:27, Trio; B-Dur, Hob. XVI:41, erster Satz). Die drei Beispiele gehorchen derselben Idee und Technik:

- Die Harmonik stützt die Form: Ein Neubeginn (auf unterschiedlicher formaler Ebene: anderes Thema, Mittelteil, Durchführung) wird auch durch einen *harmonischen Schnitt* herausgestellt.
- Die neue Tonart steht nach einem *Halbschluss* bzw. nach der *Dominante* der Ausgangstonart.
- Die neue Tonart liegt eine *große Terz unter* der vorangegangenen Tonart.

Die Klassik nutzt damit gelegentlich, was dann die Romantik zu schönsten Klangbegegnungen macht: die direkte Hinwendung zu einer Mediante. Tonarten treten einfach nebeneinander, wie bei einem Schnitt im Film, durch den ein neues Bild erscheint. Modulation, ohne zu modulieren: Das Erlebnis des Klangs wird wichtiger als der Weg eines harmonischen Übergangs.

Klangwandlungen

»Klangwandlungen« meint die unmittelbare oder allmähliche Veränderung eines Akkordes mit Liegenbleiben und Weiterschreiten einzelner seiner Töne.

Töne bleiben

Ein Klang wird zu einem anderen, indem ein oder zwei Töne von ihm bleiben, aber ihre Bedeutung ändern. Die Klassik nutzt das vor allem als *Schnitt* (S. 71f.). Die Romantik schafft vor allem Klangzauber zwischen Durtonarten, mit Tönen als Band zwischen ihnen:

- *Grundton wird große Terz*: Das ist ein Hauptprinzip (a). Das Umgekehrte – große Terz wird Grundton – führt zur *oberen* Mediante (b).
- *Große Terz wird Quinte*: Das ist eine weitere Möglichkeit (c). Das Umgekehrte – Quinte wird große Terz – führt zu einer zweiten oberen Mediante (d).

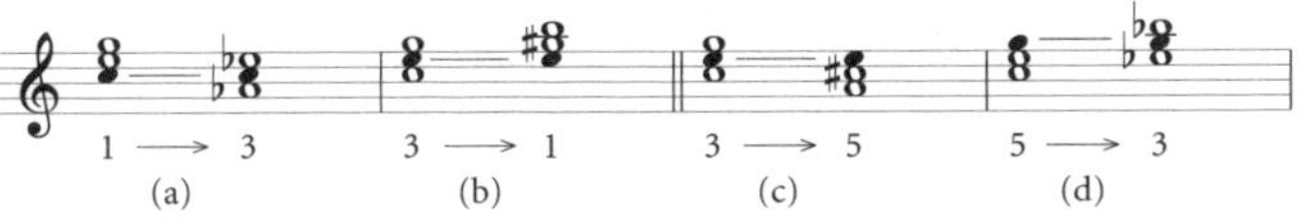

Spielen

Die abgebildeten Klangwandlungen (a) bis (d):

- *Vierstimmig* spielen – drei Töne rechts, Basston links
- In verschiedenen *Lagen* beginnen: mit Grundton, Terz, Quinte in der obersten Stimme der Ausgangstonart, weil die Lagen den Ausdruck spürbar beeinflussen
- Mehrfach *transponieren*

Auch: Die Klänge (a) bis (d) in diversen Durtonarten erst *zügig nennen*, danach spielen.

Besonders Schubert nutzte Klangwandlungen. In den folgenden Ausschnitten aus seinem Lied *Der Winterabend* (Grundtonart: B-Dur) wird der bleibende Ton allein repetiert (a), um ihn von seiner Bedeutung als Terz von B-Dur zu lösen: Er wird Grundton eines unausgesprochenen D-Dur und danach Quinte von G-Dur. Oder ein Ton ändert sogleich seine Bedeutung (b): Der Grundton von G-Dur wird unmittelbar, mit kleinster Brücke des Basses (*g-f-es*), Terz von Es-Dur. Berührend ist dadurch das Ende des Liedes (c): Die Musik »schließt« nicht: B-Dur, ohne irgendeine Bestätigung, wirkt nicht mehr wie eine »Tonika«, sondern blendet sich, dem (insgesamt *fünf*mal wiederholten!) »und sinne« folgend, wie zeitverloren aus, mit der Wandlung vom D-Dur zum B-Dur im drittletzten Takt auf *un*betontester Stelle, in klangerfüllt offener *Terz*lage.

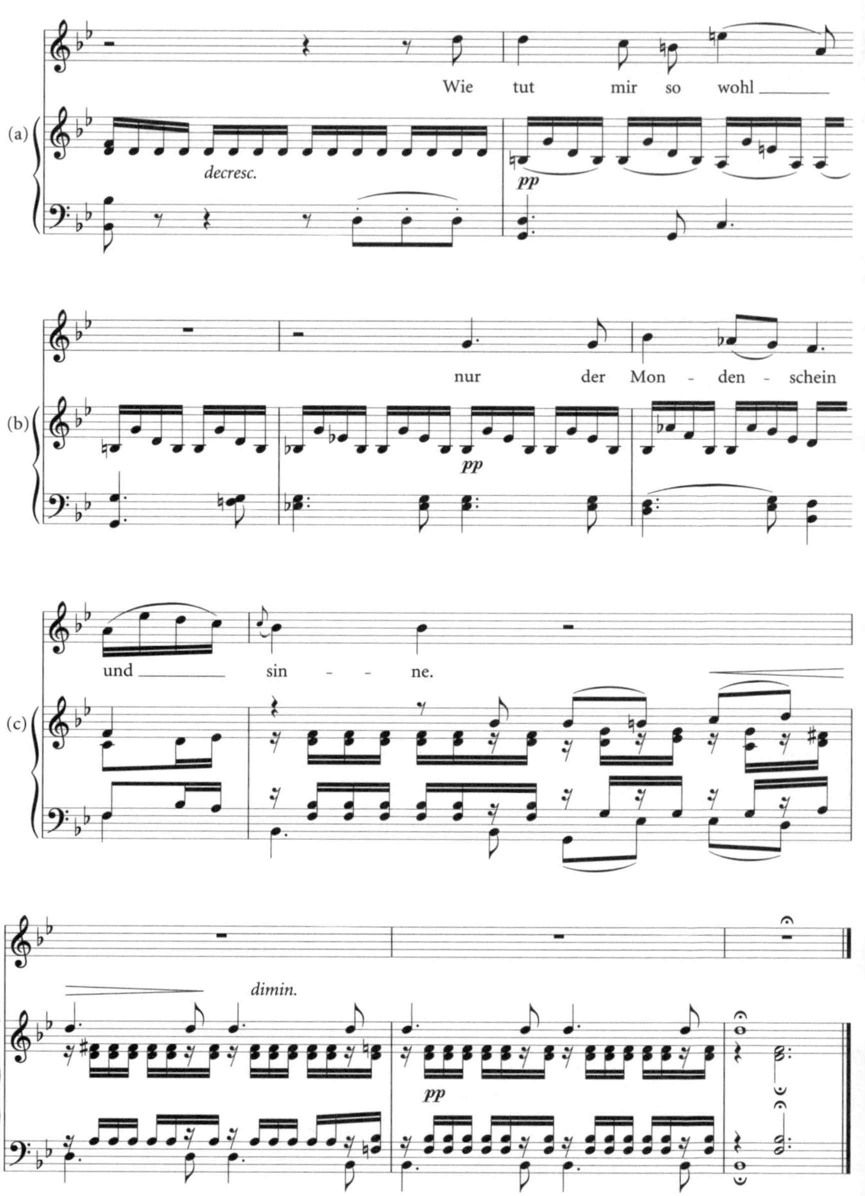
Wie tut mir so wohl
(a)
decresc.
pp
nur der Mon - den - schein
(b)
pp
und sin - - - ne.
(c)
dimin.
pp

Im Andante von Schuberts großer C-Dur-Sinfonie steht eine wundersame Partie, die zur Haupttonart a-Moll zurückführt:

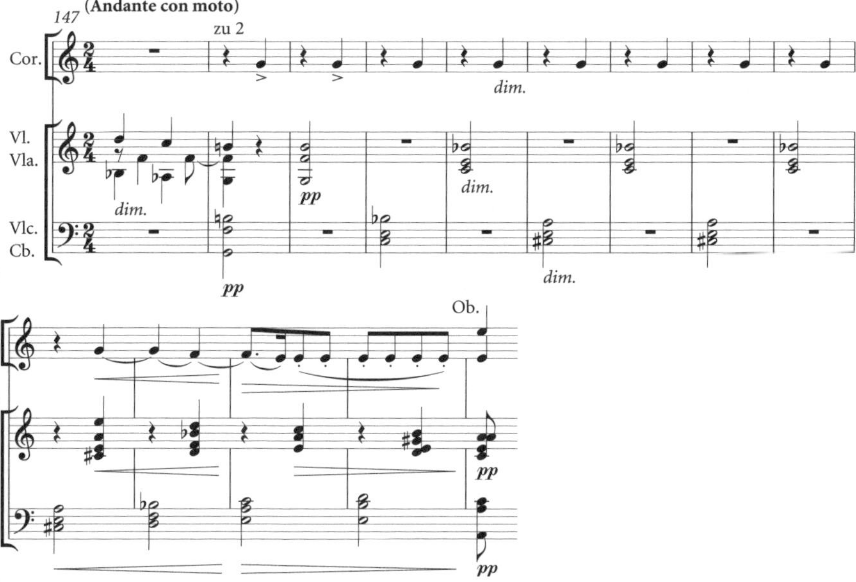

Zweimal G^7, zweimal C^7, zweimal A^7/C^7, jeweils im Wechsel der beiden Streichergruppen, in Register und Farbe unterschieden, und dazu immer ein g^1 der Hörner. In seiner Besprechung von Schuberts Sinfonie fand Robert Schumann für diese Takte ein unvergessliches Bild:

> In dem zweiten Satz »findet sich auch eine Stelle, da wo ein Horn wie aus der Ferne ruft, das scheint mir aus anderer Sphäre herabgekommen zu sein. Hier lauscht auch Alles, als ob ein himmlischer Gast im Orchester herumschliche.«

Ob Schubert durch Beethoven angeregt wurde, in dessen 7. Sinfonie, am Ende des Trios, Ähnliches vor sich geht? Gleiche Besetzung (nur Streicher und Horn); gleiche Zuordnung (konstante Idee im Horn, Klänge in den Streichern – bei Beethoven flächenhaft, die Violen mit ununterbrochenem Liegeton); gleiche Dynamik mit Diminuendo; gleicher Vorgang: A^7 verwandelt sich in C^7, indem *zwei* Töne (*g* und *e*) bleiben … Und doch ganz anders: bei Schubert reine Poesie, bei Beethoven das überleitende C^7 als wirkliche, wenn auch überraschende Zwischendominante, mit bezwingender struktureller Konsequenz: Das *a-gis-a* des Horns gibt abstrakt »Halbton« vor, der sich anfangs in der Wechselnote *d-cis-d* der Bässe wiederfindet und mit dem am Ende die Violen (*a* zum *b*) und Bässe (*cis* zum *c*) chromatisch auseinanderstreben; und *a-gis-a* gibt konkret das Motiv vor, das im vorletzten Takt – das Horn schweigt darum – vom *c-h-c* der Bässe imitiert wird. Und dann, anders als bei Schubert, mit dem Presto ein radikaler Bruch in Tempo und Charakter.

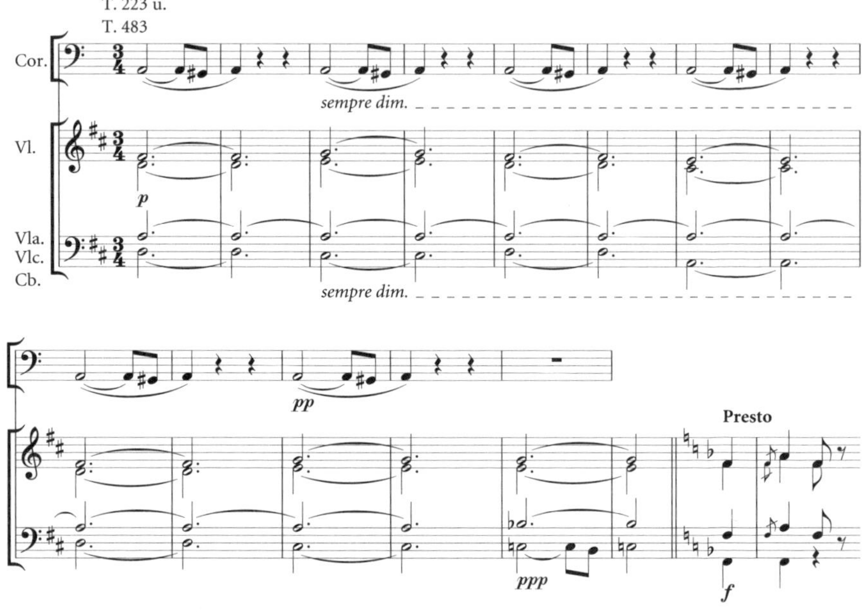

Spielen

Farbspiele mit Septakkorden: ein Dominantseptakkord als Ausgangsklang (z. B. *c-e-g-b*) und seine Verwandlung zu anderen Septakkorden. Bei (a) und (b) bleibt jeweils *ein* Ton, bei (c) und (d) bleiben jeweils *zwei* Töne:

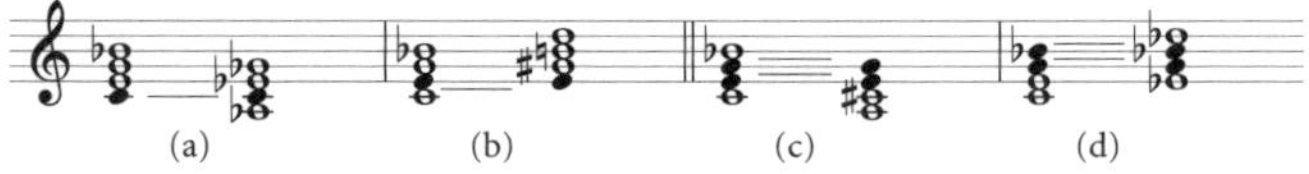

Statt durch einen Sprung in Grundstellung lässt sich die Verwandlung, klanglich und linear eleganter, durch Bewegungen aus dem Dominantseptakkord heraus gewinnen:

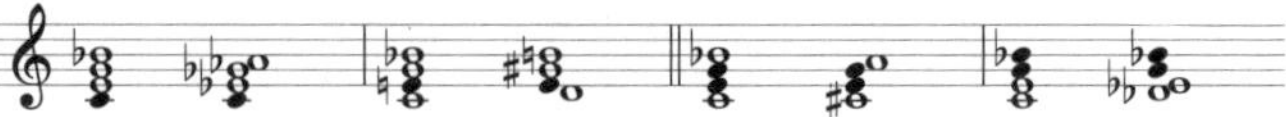

Es kann beim Spielen helfen, die bleibenden Töne zunächst für sich zu spielen, ihren Bedeutungswandel zu bedenken und *dann* den neuen Septakkord zu bringen.

Töne wandern

Schon in der Klassik finden sich modulierende Klangwandlungen durch »wandernde« Töne. Hier zwei Beispiele von Beethoven in ihrem klanglichen Verlauf: (a) *Fidelio*, Chor der Wache: »Er spricht von Tod und Wunde«, in Pizarros Arie »Ha! Welch ein Augenblick«; (b) Klaviersonate G-Dur op. 31, Adagio grazioso, T. 35–41.

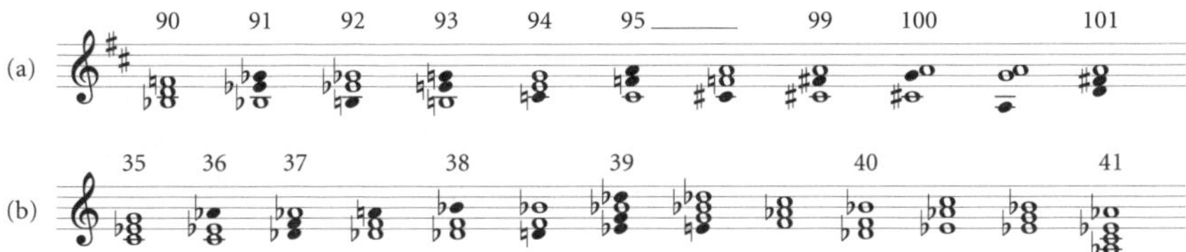

Außergewöhnlich ist der Anfang von Schuberts Sanctus aus seiner Messe As-Dur. Sein harmonischer Weg lautet:

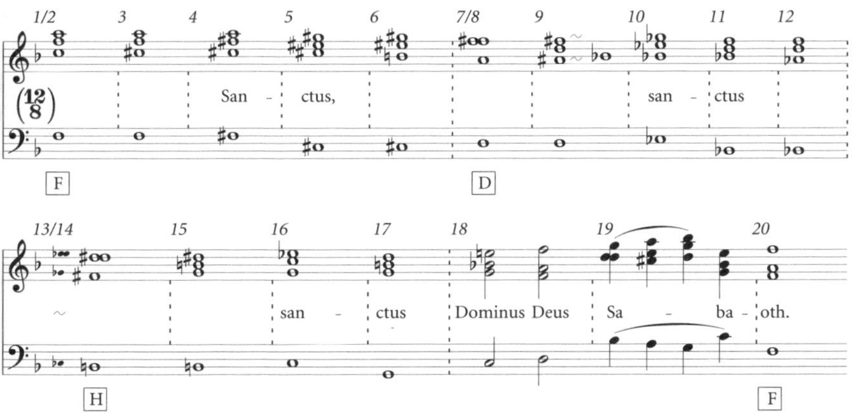

▸ Mit zwei Bewegungen: *c* zu *cis* (T. 2/3), *f* zu *fis* (T. 3/4) gelangt die Tonika F-Dur anfangs nach fis-Moll, das *nur noch Klang* ist, durch nichts mehr theoretisch fassbar: Dass F-Dur und fis-Moll durch die gemeinsame Terz *a* verbunden sind, »erklärt« nichts. (Dasselbe gilt für die Verwandlung von h-Moll in B-Dur, bei gemeinsamer Terz *d*, im jagenden Finale von Schuberts 3. Sinfonie, T. 16/17. Das verschlägt noch mehr den Atem, weil die Tonarten direkt nebeneinander stehen.)

▸ Die im Sanctus folgenden Sequenzen machen zweimal einen *Trugschluss* zum Neubeginn, in T. 7 D-Dur; in T. 13 H-Dur (nach es-Moll und B^7 eigentlich *Ces*-Dur).

▸ Die Sequenzen fallen in kleinen Terzen: *F*-Dur, *D*-Dur, *H*-Dur, der weitere Fall (nach T. 17) zu Gis/As wird ausgespart, um mit einer prachtvollen Kadenz

(T. 18–20) gleich in F-Dur zu schließen. Um den Vorgang technisch verständlich zu machen: Fallende und steigende Terzenreihen kehren, komplett durchlaufen, zur Ausgangstonart zurück, in kleinen Terzen: c-*es*-*ges*/*fis*-*a*-c, in großen Terzen: c-*e*-*gis*/*as*-c. Zur Modulation – also auf ein *neues* Ziel hin, statt eine Kreisbewegung zu vollziehen – eignen sie sich dann, wenn sie vorher »aussteigen« oder eine Terz weiter gehen (wie Wagners »Schlaf-Motiv«, S. 83) oder kleine und große Terzen mischen (wie Hugo Wolfs Lied S. 81 = T. 11–12). Bitte alles spielend ausprobieren! (Der Begriff »Terzenzirkel« übrigens ist eingebürgert, aber bei Terzen aus demselben Grund problematisch wie bei Quinten; vgl. dazu S. 11.)

Solche Klangwandlungen können das Tonalitätsgefüge auflösen. Sie bewegen sich durch gleichsam exterritoriale harmonische Räume, als freier Klang, um irgendwo wieder tonal gesicherten Boden zu betreten.

Spielen

Am Klavier *drei*stimmig in *einer* Hand: einen Ausgangsklang wählen, schrittweise eine oder zwei Stimmen (oben, Mitte, unten) verändern, am Ende entweder einen erreichten Klang stehen lassen oder mit einer Kadenz zu ihm führen.

Zur Anregung zwei Beispiele, die von demselben Klang ausgehen, aber zu verschiedenen Zielen leiten.

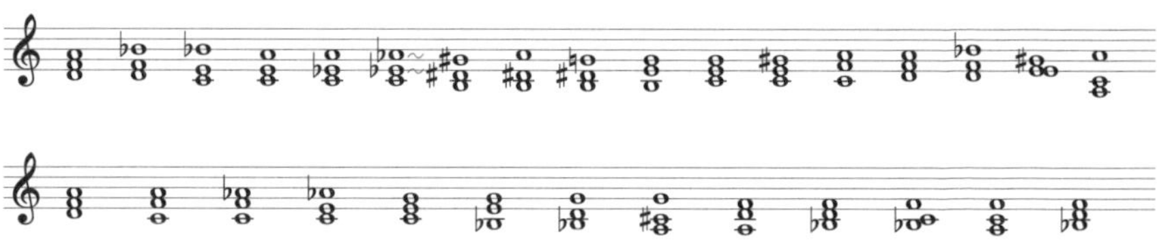

Die Terzenwelt der Romantik

Ein Seitenblick zuvor: Im Finale von Schuberts Klaviersonate a-Moll D 784 (op. posth. 143) modulieren die Takte 157–174 auf unerhörte Weise von C-Dur nach Des-Dur. Über dem ganztönigen Bassfall *c-b-as* sequenzieren sie einen Fünftakter – dynamisch schroff: mit *pp* und *ff* –, der sich zum Sechs- und Siebentakter dehnt. *In* sich aber gleiten die ersten zwei Sequenzglieder chromatisch abwärts, sodass der ganztönige Fall den chromatischen Zug c-*h*-b-*a*-as umschließt. Die Modernität von Schuberts Takten mit ihren harmonischen *Ganzton*folgen ist noch in der historischen Distanz fühlbar.

Die eigentliche Welt der Romantik aber ist der klangliche Bereich der *Terz*. In seinem Buch *Romantische Harmonik und ihre Krise in Wagners »Tristan«* (1919, S. 178) fand Ernst Kurth die schöne Formulierung, die Romantik sei »das Zeitalter der Terzen«. Das Folgende geht dem mit sechs eindrucksvollen Beispielen nach.

In der Frühe: Eduard Mörikes einstrophiges Gedicht stellt Zweifeln und Ängsten der Nacht (sechs Zeilen) die Zuversicht und Freude des erwachenden Morgens entgegen (vier Zeilen). In Hugo Wolfs Vertonung (Nr. 24 seiner *Mörike-Lieder*, s. S. 80–81) dauern die gegensätzlichen Gemütszustände – durch musikalische Dehnung von Mörikes Vierzeiler – nahezu gleich lang (zehn und zwölf Takte). Das Dur im zweiten Teil (T. 11–22) stellt sich gegen das Moll im ersten Teil (T. 1–10), hohe Register gegen tiefe, lang gezogene Melodik gegen aufgelöste. Hinzu im zweiten Teil kommt noch die Farbe der Terzen als Gegenbild des düsteren Beginns: mit entfernten Kleinterzverwandten, symbolhaft *auf*wärts gerichtet: *E*-Dur / *G*-Dur / *B*-Dur, ergänzt von einer großen Terz zum schließenden *D*-Dur. Eine Gefahr des Mechanischen ist zweifach gebannt: durch unterschiedliche Länge der Terzstationen und indem sich ab dem G-Dur die Melodik anders gruppiert als die Harmonik.

Verbindend wirkt die Klavierbegleitung. Sie bleibt das *ganze* Lied hindurch bei demselben Motiv: Der eine emotionale Zustand erscheint als Kehrseite des anderen.

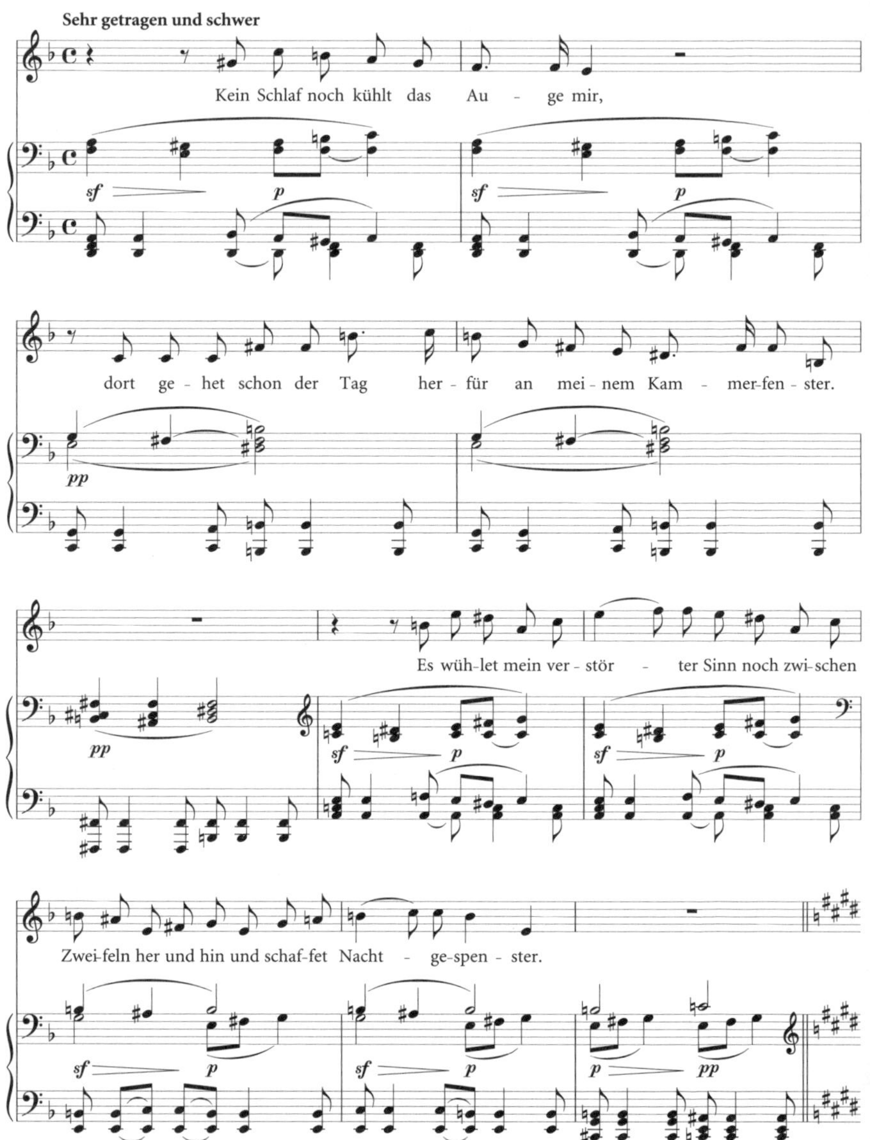
Sehr getragen und schwer
Kein Schlaf noch kühlt das Au - ge mir,
sf p sf p
dort ge - het schon der Tag her - für an mei - nem Kam - mer-fen - ster.
pp
pp
Es wüh-let mein ver - stör - ter Sinn noch zwi-schen
sf p sf p
Zwei-feln her und hin und schaf-fet Nacht - ge-spen - ster.
sf p sf p p pp

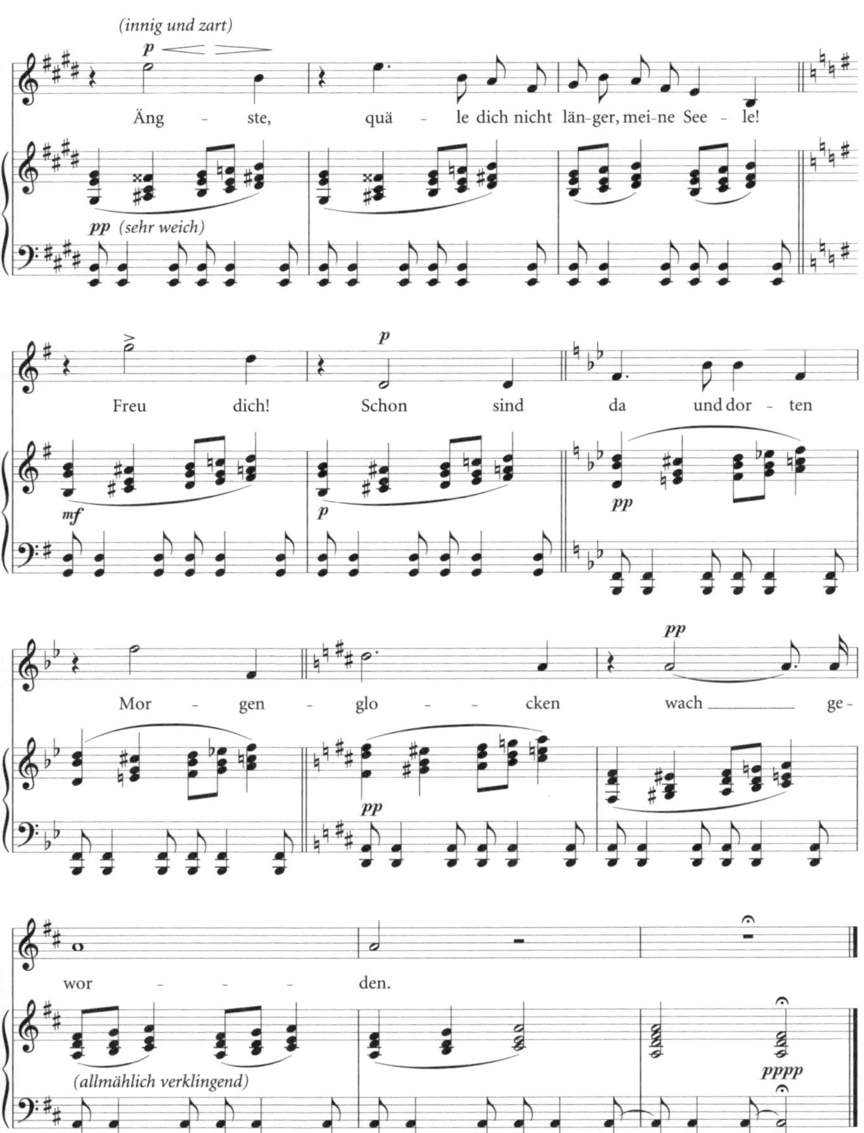
(innig und zart)
p
Äng - ste, quä - le dich nicht län-ger, mei-ne See - le!
pp (sehr weich)
Freu dich! Schon sind da und dor - ten
mf
p
p
pp
Mor - gen - glo - - cken wach ge-
pp
pp
wor - - - - den.
(allmählich verklingend)
pppp

Wie aus einer alten musikalischen Formel Neues entstehen kann, lassen die Takte 13–18 im Adagio (»Sehr feierlich und sehr langsam«) aus Bruckners 7. Sinfonie erleben. Hier der Part der Streicher:

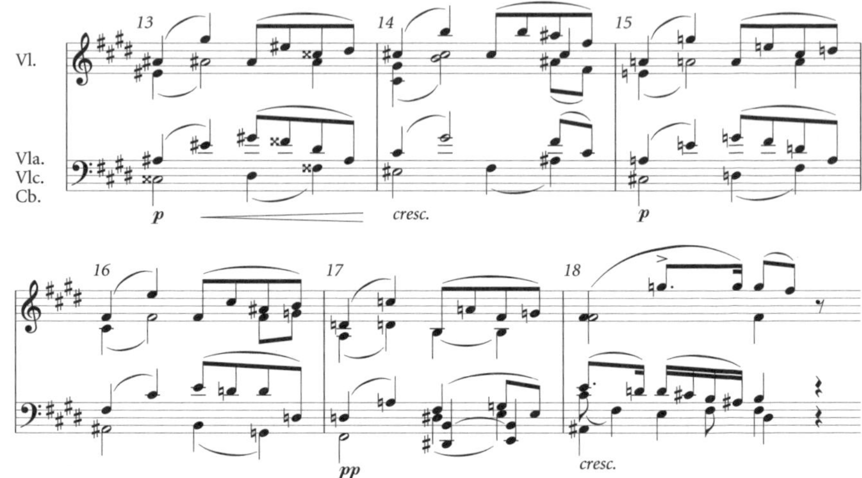

Ein genaues Schauen lohnt – um zu verstehen, von welchem Maß an Logik die Expressivität der Musik getragen ist.

Die Takte sequenzieren eine rhythmisch und gestisch immer gleiche melodische Phrase. Die Notation der *Grund*töne macht sichtbar, dass fallende Quintschritte zugrunde liegen, im Notenbeispiel durch die darunter stehenden Klammern angezeigt: *ais-dis / cis-fis / …*

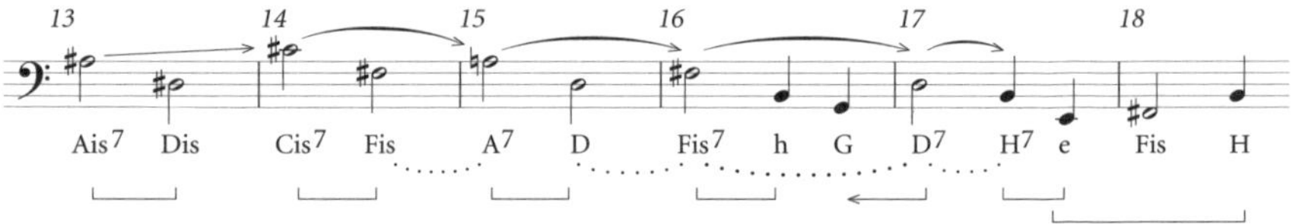

Die Klangwärme der Partie verdankt sich ihrer speziellen Sequenzweise:

▸ T. 14 beginnt eine kleine Terz höher als T. 13, dann fallen die Sequenzen von Takt zu Takt im steten Wechsel von großer und kleiner Terz, im Notenbeispiel durch gebogene Pfeile angezeigt: Cis → A → Fis → D (die Auflösung G-Dur geht diesmal *voran*) → H (die Auflösung e-Moll wird zur vermollten Subdominante des H-Dur in T. 18).

▸ Dadurch ergeben sich mediantische Beziehungen, im Notenbeispiel gepunktet angezeigt: Fis-A / D-Fis / Fis-D / D-H.

▸ In der Partitur liegt bei allen Dominantseptakkorden die Terz im Bass, ihre Auflösungen erhalten Grundtöne, aber auch sie wechseln sofort in den klangweichen Terzbass.

▸ Die melodische Sequenz hat mit ihrer (in T. 17 gleich *zwei*mal) aufsteigenden kleinen Septime mehr Innigkeit als Spannung, eine zweite Melodie geben die Violen mit ihrer dunkleren Klangfarbe bei, beide Melodien umranken die Zieltonarten mit Vorhalten.

All dies fesselt die Aufmerksamkeit so, dass nicht nur die Quintschritte im Hintergrund bleiben, sondern sogar die Sequenz, weil sie zurücktritt hinter dem permanenten Farbwandel. Terzen lösen die Festigkeit von Quintbeziehungen auf, andersherum gesehen: Althergebrachte fallende Quintschritte erhalten durch Einbettung in Terzen ein besonderes musikalisches Aussehen.

Längere Terzenreihen verlieren tonalen Halt: Gegenüber stabilen Quintschritten unterhöhlen sie das Gefühl von Sicherheit. Längere Chromatik verliert harmonische Bezüge: Unberechenbar ist, wo sie hin will – ob sie überhaupt ein Ziel hat – und wo sie enden wird. Verbinden sich Chromatik und Terzen, wird tonale Zentrierung umso mehr aufgehoben: *Koloristisches* verzehrt *Strukturelles*. Das bildhafte »Schlaf-Motiv« aus Wagners *Walküre* moduliert von As-Dur nach E-Dur. »Moduliert«? Das Motiv fällt und gleitet durch tonale Räume:

▸ Mit chromatisch abwärts ziehender Oberstimme, durchgehend vom c^2 bis zum gis^1.

▸ In einer fallenden Großterzreihe: *As*-Dur / T. 3: *E*-Dur / T. 5: *C*-Dur / T. 7: notiert *Gis*- (statt As-)Dur / T. 9: *E*-Dur.

▸ In der rhythmisch identischen, harmonisch leicht variierten Sequenz von fünf Akkorden, deren fünfter wieder als erster fungiert.

▸ Mit einem letzten Sequenzglied (T. 7–9), das, eine Oktave tiefer, identisch ist mit dem ersten (T. 1–3), sodass die Terzenkette keinen greifbaren Abschluss hat: Sie könnte sich in unendlichem Abwärts verlieren.

Das Kompositionstechnische verblasst auch hier zum Hintergrund: Im Hören wird das Gesamt zu purer, flirrender *Farbe*.

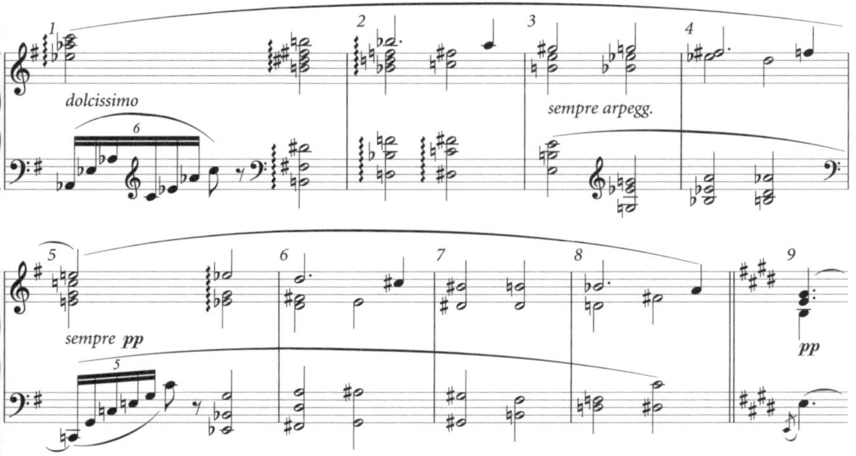

Das gerade Gegenteil zum Versinken des Schlaf-Motivs ist die Himmelsvision im Todesgesang Aidas am Ende von Verdis gleichnamiger Oper. Aida scheint gefasst: im äußeren Gleichmaß von 8 + 4 + 8 Takten und im tonal sicheren Des-Dur-Rahmen der beiden Achttakter. Umso ergreifender wirkt der kleine Mittelteil, wie verinnerlicht zum *ppp* zurückgenommen: In B-Dur – vom As⁷ her einfach abgesunken – ist vorgegeben, was in D-Dur mit F-Dur sequenziert wird, um wieder ins Des-Dur zu fallen, als Reprise des Anfangs. Mediantische Bezüge (B-D / D-F / F-Des) überlagern ab dem D-Dur die syntaktische Ordnung. Aidas Vision ist in wundervolles Licht getaucht.

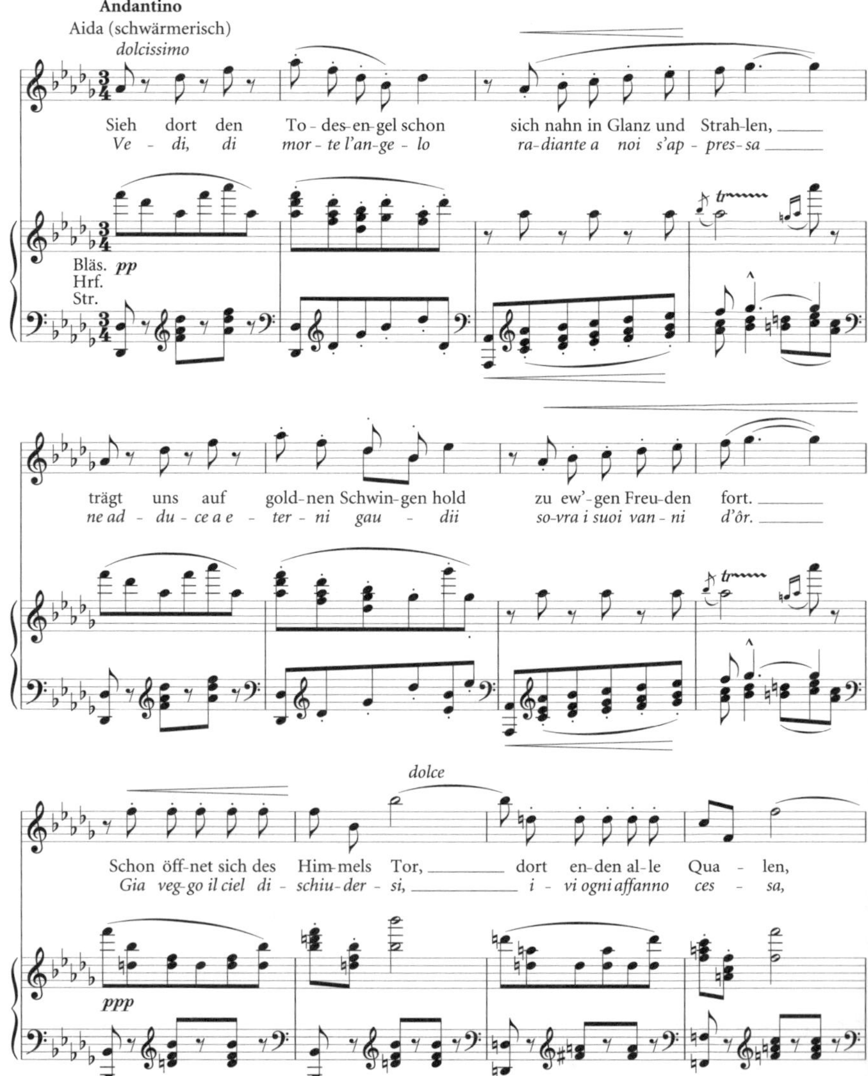

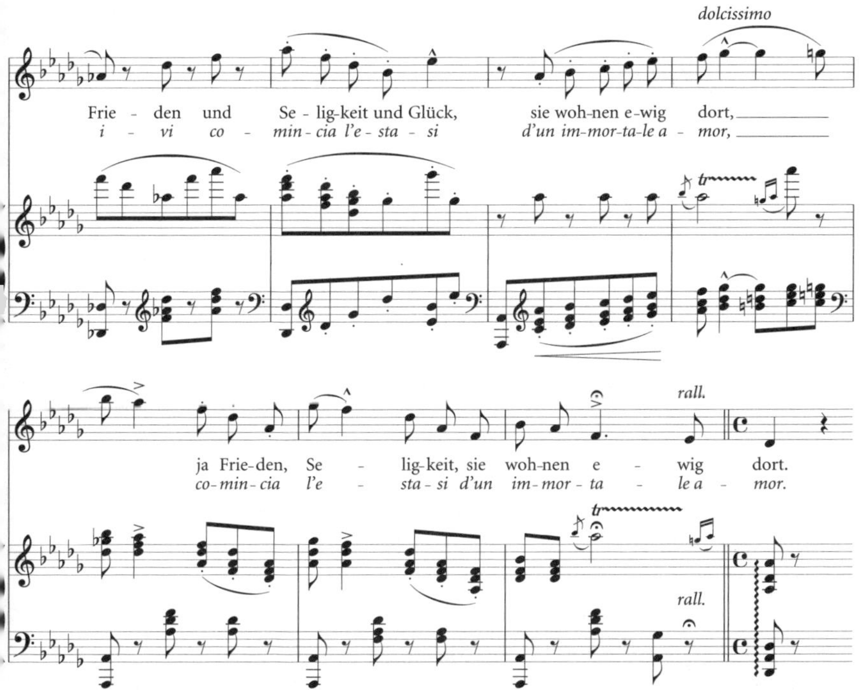

Diether de la Motte pointiert in seiner *Harmonielehre* (1976, S. 160): »Eine D-T-[Dominante-Tonika]-Folge verwendet man; eine terzverwandte Akkordfolge erfindet man.« Der Gedanke ist zentral: Entfernte Terzverwandtschaft hat immer eine *individuelle Ästhetik*. Schuberts Klaviersonate B-Dur D 960 wendet sich T. 19/20 von B-Dur nach Ges-Dur (und sechzehn Takte später zurück). Schumanns Lied *Aus alten Märchen*, Nr. 15 der *Dichterliebe* op. 48, wendet sich T. 24 von H-Dur nach G-Dur (und acht Takte später zurück). Harmonisch ist beides »dasselbe«: ein Fall – eine »Modulation«? – zur Großterz abwärts: bei Schubert von *B*-Dur nach *Ges*-Dur, bei Schumann von *H*-Dur nach *G*-Dur, und jeweils zurück zur Ausgangstonart; aber in Wirkung und Bedeutung sind sie unvergleichlich: Schuberts Ges-Dur bringt eine dunkel-weiche Variante des Anfangsthemas; Schumanns G-Dur bringt, dem H-Dur entrückt, ein Bild vom zuvor beschworenen »Zauberland«. Das Harmonische an der Außenseite ist typisierbar, im Inneren ist es individuell.

Bei all diesen Musikbeispielen drängt sich der Gedanke auf, dass herkömmliche Begriffe im Grunde nicht mehr greifen. Sind Hugo Wolfs Terzenreihe von E-Dur nach D-Dur oder Bruckners Weg von Dis-Dur nach H-Dur oder das Absinken zum B-Dur und die Rückkehr zum Des-Dur in *Aida* noch »Modulationen«?

Was die Romantik an Sinnlichkeit darbietet, wirkt auf »Modulation« zurück. Modulation, vormals ein *Weg*, wird zum klanggesättigten *Moment*. Sie verändert sich von einem *Prozess* zu einem betörenden *Farbwechsel*.

Das Ereignis

Modulationen sind oft überwältigend inszeniert – davon möchte dieses Kapitel einen Eindruck vermitteln. Die kleine, subjektive Auswahl möchte dazu anregen, auf musikalisch Besonderes zu achten.

Schütz

»Der die Erde aufs Wasser ausgebreitet hat«, »der große Lichter gemacht hat«, »der Ägypten schlug«: Taten Gottes werden in zweistimmigem, kontrapunktischem, vom Generalbass getragenem Satz besungen, immer wieder unterbrochen durch den vielstimmigen, harmonischen, vom Bläserensemble begleiteten Satz »Denn seine Güte währet ewiglich«. Nach zwanzig Takten – wie auf der Suche nach einer gültigen Formulierung – hat dieser Lobpreis seine Gestalt gefunden; zitiert sei der erste Chor:

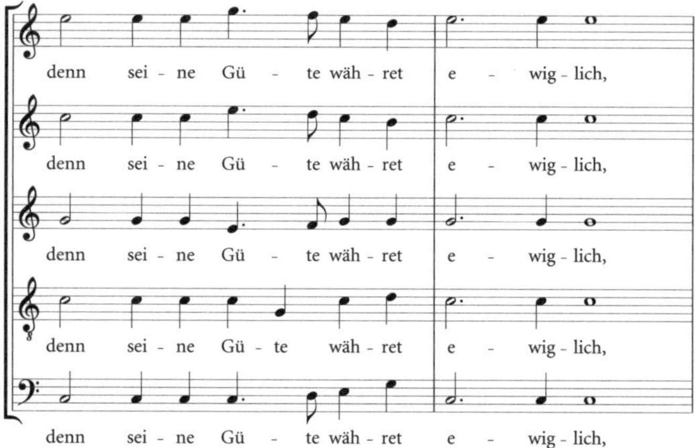

Die Rede ist von Heinrich Schütz' *Der 136. Psalm*, »Danket dem Herren, denn er ist freundlich« (SWV 45) aus den *Psalmen Davids* (1619), in opulenter, siebzehnstimmiger Mehrchörigkeit. Was Schütz darin vorführt, ist unglaublich.[8]

8 Die folgenden Anmerkungen stützen sich auf die Bärenreiter-Ausgabe (Nr. 1710) des *136. Psalms* (SWV 45), hrsg. v. W. Ehmann, Kassel 1971. Bei einem Werk aus dem Jahre 1619 wären Begriffe wie harmonische Funktion oder Mediante historisch noch nicht angemessen. Mein folgender Kom-

Der Lobpreis bleibt in C-Dur – nur die Verse dazwischen wenden sich auch zu anderen Stufen –, er kehrt unbeirrt immer wieder, am Ende der ersten 55 Takte zu größter Klangfülle gebündelt. Das alles mag noch angehen, aber nun folgt Überraschung auf Überraschung:

- Im anschließenden Teil schweigen die Bläser, und die Verhältnisse kehren sich um: Die Verse sind vielstimmig, der Lobpreis zweistimmig und auf wechselnden Stufen, erst am Ende für zwei Takte in vollem Klanggewand.
- Danach kommt der Lobpreis, wieder mit Bläsern, in C-Dur zurück, jedoch diminuiert und harmonisch noch mehr vereinfacht, zu repetiertem C-Dur mit *ein*mal G-Dur.

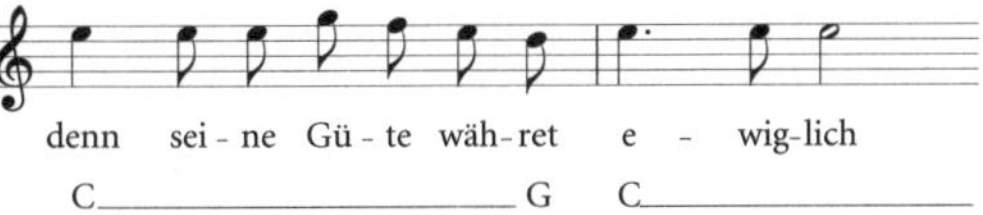

In dieser Fassung tritt er fünfmal auf, sodass ein Hörer denken muss, alles gehe wieder so weiter wie vorn. Was tatsächlich geschieht, ist umso atemberaubender: Der Lobpreis wird plötzlich um einen *Ganzton nach oben versetzt* – er steht in *D*-Dur:

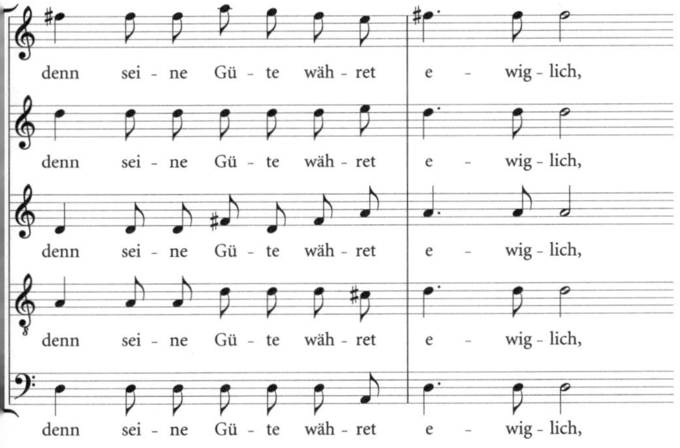

- Nach zweimal D-Dur fällt er hinab nach C-Dur, kehrt zwischen Versen weitere zweimal wieder, um dann eine Schlusspartie *allein* zu bestreiten, im Hin und Her der Chöre: unablässig klingendes C-Dur.
- Kein Hörer kann erahnen, was danach passiert, durch eine kleine Generalpause abgesetzt: Mit einem Dank an Gott, mit dem das ganze Werk begonnen

---

mentar redet allerdings von C-Dur und G-Dur und von Tonartenwechsel statt von alten Modi und Moduswechsel. In seiner Klanggestalt und Struktur wirkt Schütz' *136. Psalm* unerhört modern. Was spricht bei *diesem* Werk dagegen – sofern es in seinem Sinn nicht verzerrt wird –, Klänge als C-Dur oder als IV. Stufe aufzufassen, zu bezeichnen und, vor allem, wahrzunehmen?

hatte, setzen die Chöre *homophon* und erstmals auf der *vierten* Stufe ein: in *F*-Dur, das sich unmittelbar nach *A*-Dur wendet. Pracht in Klang und Harmonik:

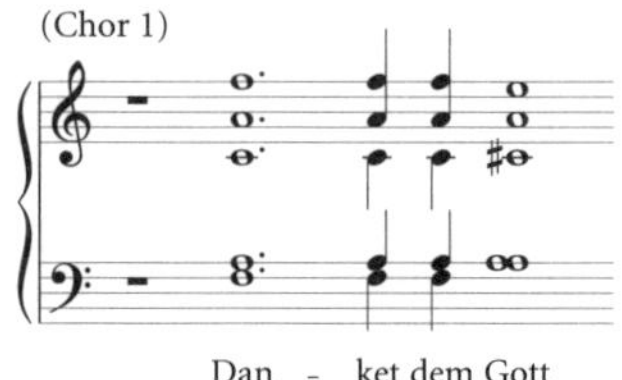

▶ Der letzte Teil frappiert erneut: Er wechselt zum Drei-Ganze-Takt, bringt nur noch den Lobpreis, lässt die Chöre einander immerzu imitieren, besteht aus drei gleich langen Strecken: acht Takte in *C*-Dur, acht Takte (ohne Vorwarnung) wieder einen Ganzton höher in *D*-Dur, acht Takte (erneut einfach gerückt) *C*-Dur. Ein »währet ewiglich« wird noch einmal angehängt, großartig in voller Besetzung und in der musikalischen Gestalt des anfänglichen Teils: wie eine »Reprise«.

Man weiß kaum, was man an Schütz' *136. Psalm* mehr bestaunen soll, den satztechnischen Einfallsreichtum, die formale Architektur, den kalkulierten Einsatz der Tonartenwechsel oder den Mut zu Klang, Reduktion, Wiederholung: musikalisches Abbild des »ewiglich«.

Mozart

Requiem,[9] Schlussteil des Confutatis, der Anfangstakt der Streicher (deren Begleitung bei diesem Satzmuster bleibt) und der erste Part des Chores:

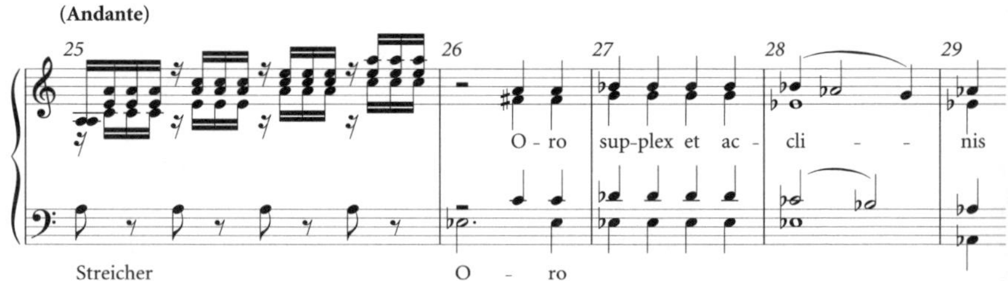

Der harmonische Gang ist waghalsig: in fünf Takten von a-Moll (T. 25) einen Halbton tiefer nach as-Moll (T. 29), noch dazu eingeleitet durch einen Tritonus-

9 Eine Werkeinführung im Taschenbuch mit kompletter Studienpartitur bietet Christoph Wolff: Mozarts Requiem. Geschichte, Musik, Dokumente, Kassel, [6]2010.

sprung im Bass (T. 25/26: *a-es*). Die anschließenden, nicht mehr abgebildeten Takte bringen Sequenzen. Auch sie durchmessen größte harmonische Distanzen: as-Moll (T. 29) wird phrasenverschränkt Anfangstakt einer wörtlichen Sequenz, die darum einen Halbton tiefer nach g-Moll führt; die folgende verkürzte Sequenz spart ein Ankommen in ges-Moll aus; ein letztes Mal führt folgerichtig nach f-Moll, schließt dann aber in Dur.

In Ausdeutung des Textes (»ich bitte unterwürfig und demutsvoll«) zieht die Musik abwärts. Und sie überrascht mit einer nie erwarteten Weiterführung. Theoretisch könnte man den verminderten Septakkord (D^v) in T. 26 als D^v der Dominante von a-Moll (T. 25) lesen: *dis*(anstelle des notierten *es*)-*fis*-*a*-*c*, der zum D^v der Dominante von Es-Dur (T. 27) umgedeutet wird: *a-c-es-ges* (anstelle des notierten *fis*). Aber das wäre musikalisch abwegig: Keine der beiden Dominanten ist in Sicht. Was man *hört*, kommt der Wahrheit am nächsten: Der D^v in T. 26 »ist« keiner. Er klingt von T. 25 her wie ein verdüstertes a-Moll, dessen Töne *a* und *c* von zwei kleinen Terzen umschlossen werden, von *fis* und von *es*, der gleichsam herabgedrückten Quinte *e*. Der *Bass*ton *es* enthüllt sich aber als *Grund*ton von Es, die Töne *fis*, *a* und *c* ziehen chromatisch nach oben, wie leittönige Nebennoten des Es-Dur-Septakkordes. Die Lösung in den Dominantseptakkord T. 27 hat eine Klangsüße, die den Akkord zur puren Farbe macht.

Schubert

Das erste Thema in Schuberts »Unvollendeter« beginnt in h-Moll (T. 13), sein Nachsatz aber – man weiß kaum, wie – in D-Dur (T. 17):

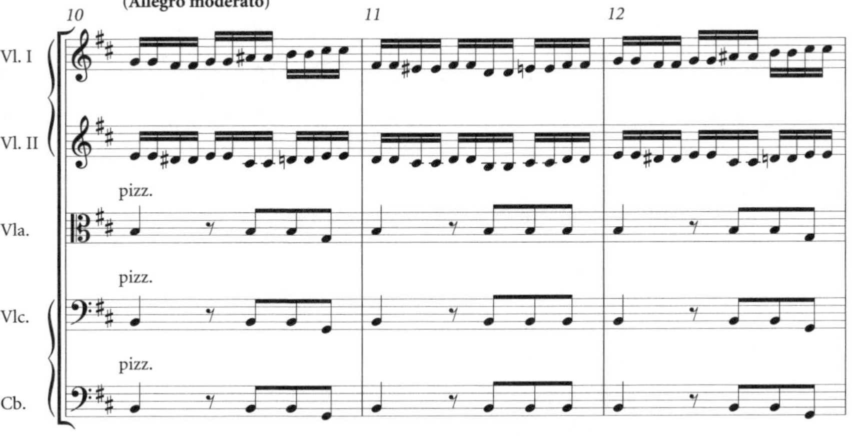

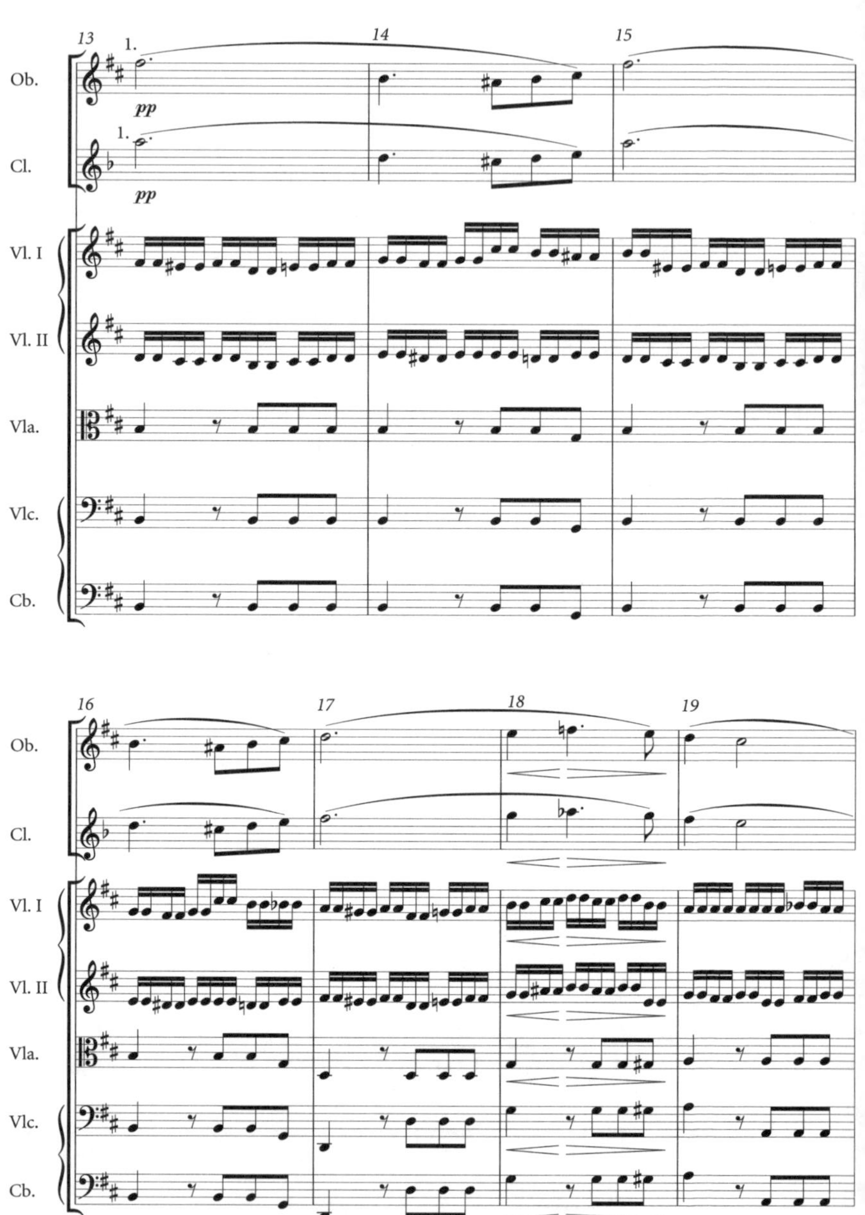

13
1.
14
15
Ob.
pp
1.
Cl.
pp
Vl. I
Vl. II
Vla.
Vlc.
Cb.
16
17
18
19
Ob.
Cl.
Vl. I
Vl. II
Vla.
Vlc.
Cb.

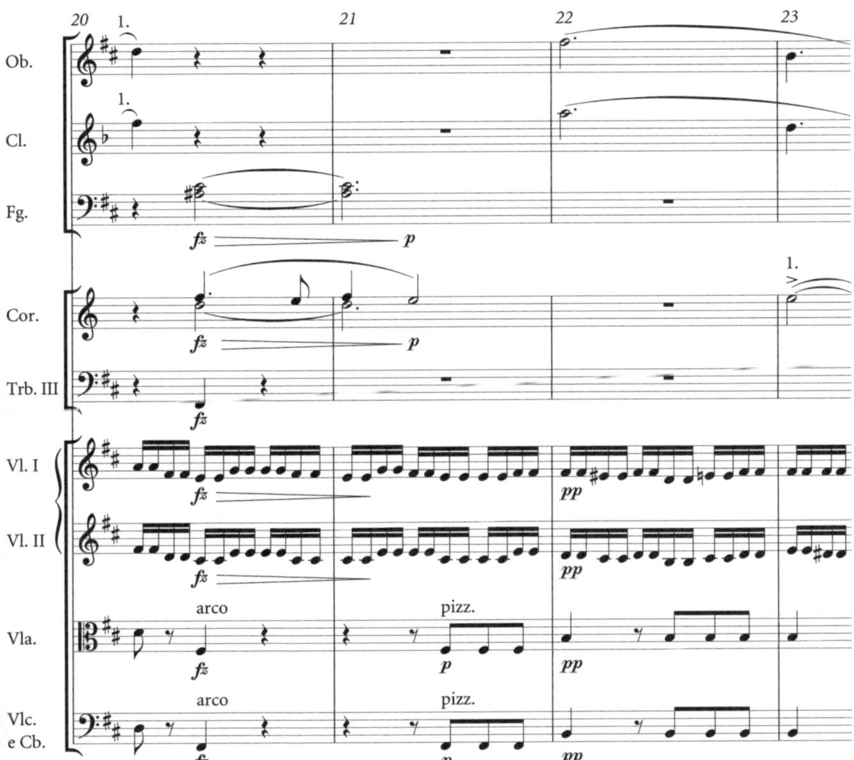

Bitte genau lesen – und vor allem hören:

▶ Auf dem letzten Achtel in T. 10 und T. 12 steht der Klang *g-e-cis*. In h-Moll kann er die Subdominante (e-Moll) mit Sexte (*cis*) statt Quinte meinen, aber auch den D^v repräsentieren (*ais-cis-e-g*), der dann auf dem letzten Achtel von T. 14 tatsächlich eintritt (das *cis* spielen Oboe und Klarinette).

▶ In T. 16 auf dem letzten Achtel wird in den ersten Violinen aus dem *ais* ein *b*. Die Töne beim Wort genommen, ist damit der D^v von h-Moll (ais-*cis-e-g*) umnotiert zum D^v von D-Dur (*cis-e-g*-b). *Musikalisch* jedoch geschieht etwas anderes: Dreimal zuvor fiel der Orgelpunkt *h* im Bass zum *g* – was in Aufführungen meist untergeht: in T. 10, 12, 14. Das *g* dann im Bass von T. 16 nimmt dem D^v *cis-e-g-b* sein gerichtet Dominantisches: Bezogen auf das folgende D-Dur wirkt das Hinab zum *d* wie ein sanfter plagaler Fall, der Klang *g-b-e* plus *cis* wirkt wie eine eingetrübte Mollsubdominante (analog den »subdominantischen« letzten Achteln in T. 10 und 12).

▶ So beiläufig D-Dur eintritt, so drastisch wird D-Dur verlassen: In T. 20 folgt ihm Fis^7, ausdrucksstark durch das mediantische D/Fis und den Nonenvorhalt im Horn, und zwingt nach h-Moll zurück. Ein zweites Mal beginnt das Hauptthema seinen Gesang.

Berlioz

Das Sanctus aus Berlioz' Requiem beginnt, anders als von einem Lobgesang erwartet, in lyrischem Tonfall, mit einer exquisiten Instrumentation: Soloflöte, äußerst hoch geführt; vier solistische Violinen in hohem, lichtem Register mit langen Liegetönen; tremolierende Klänge in viergeteilten Bratschen; dreistimmiger Frauenchor (S, S, A); und ein solistischer Tenor.

Die Partitur ist – auch der Vorzeichen wegen (Ausgangstonart ist Des-Dur) – nicht angenehm zu lesen. Zur Erleichterung seien daher die Takte 16–25 in ungewöhnlicher Form wiedergegeben: Tenor mit Bassstimme der Bratschen und Tonartenangabe, und von den Takten 21–25 nur der Frauenchor, vereinfacht gleich in D-Dur geschrieben:

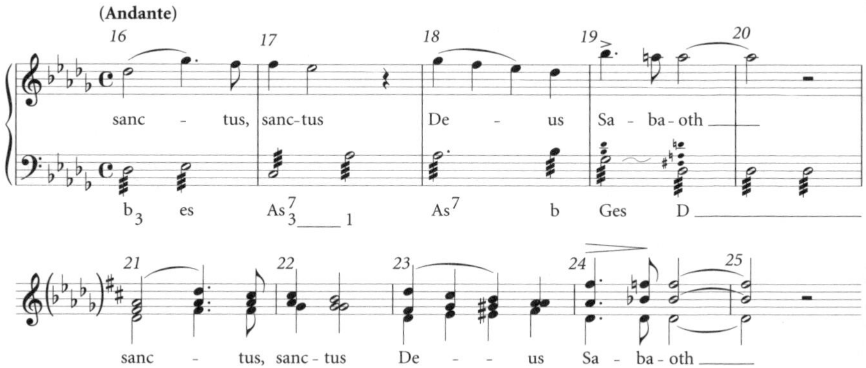

Was der Tenor vorgibt, kleidet der Frauenchor transponiert in Klang. Die solistische Partie gelangt T. 19 von Ges-Dur nach D-Dur (der Grundton *ges* wird Terz *fis*), einfach durch zwei gegenläufige chromatische Schritte (*b* zum *a*, *des* zum *d*); der Chor greift das D-Dur auf und gelangt T. 24 von D-Dur nach B-Dur (der Grundton *d* wird Terz *d*), ebenso einfach durch chromatische Schritte (*fis* zum *f*, *a* zum *b*). »Einfach« meint die Umstandslosigkeit, mit der weit voneinander entfernte und mediantische Tonarten nebeneinandergestellt sind (Ges-Dur / D-Dur, D-Dur / B-Dur), lose verbunden durch je *einen* gemeinsamen Ton, in berückender Verwandlung.

Von dem klanglich Ergreifenden des Sanctus können die Noten nur eine blasse Vorstellung geben: Es muss gehört werden.

Beethoven

Der Chor singt, in plötzlich choralartigem Satz: »Und der Cherub steht vor Gott.« Die Ungeheuerlichkeit, *Gott* gegenüberzustehen, veranlasst Beethoven im Finale seiner 9. Sinfonie zu einem packenden Tonartenwechsel, herausgestellt durch orchestrales Tutti, Fortissimo, Fermate (noch zusätzlich mit der Anweisung: molto tenuto = sehr gehalten). Die Taktgruppierung läuft auf diesen Moment zu: in 4+3+2 Kadenztakten +1 umstürzenden Takt: Der herausgelöste Grundton verwandelt sich zur großen Terz, A-Dur zu F-Dur, auf die Töne *f* und *a* reduziert:

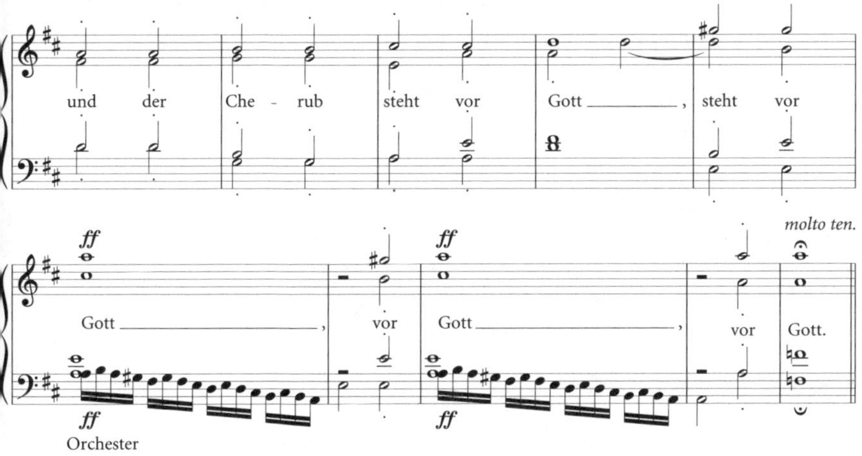

Etwas in meinen Augen Grundlegendes möchte ich zum Schluss noch einmal hervorheben: Es wäre ein Leichtes, alle Musikbeispiele an ihrem Verfahren festzumachen: Schütz nutzt harmonische Rückungen, Mozart chromatische Nebennoten, Schubert den Verminderten als Subdominante, Berlioz und Beethoven … Doch wenn Modulation auf einen technischen Akt reduziert würde, bliebe Entscheidendes außen vor: ihre musikalischen Qualitäten. Nach ihrer Idee und Art sind die Beispiele dieses Kapitels musikalisch singulär. Man sollte sie verstehen, erleben, durchdenken, spielen. Doch die Vorstellung, noch solche Musik nachbilden oder zum Objekt von Übungen machen zu wollen, widerstrebt mir zutiefst. Modulationslehre gerät an ihre Grenzen.

Coda: Ohne Worte

Die folgenden Seiten unterlassen jeden Kommentar. Sie bringen musikalische Beispiele, deren Modulationen Techniken einsetzen, von denen dieses Buch handelt.

Die schmale Sammlung möchte dazu animieren, zum einen auf eigene musikalische Entdeckungsreisen zu gehen, zum anderen den jeweiligen modulatorischen Vorgang wieder in eigenem Spielen und Schreiben anzuwenden, wo möglich in Anlehnung an die gegebenen Satzmuster.

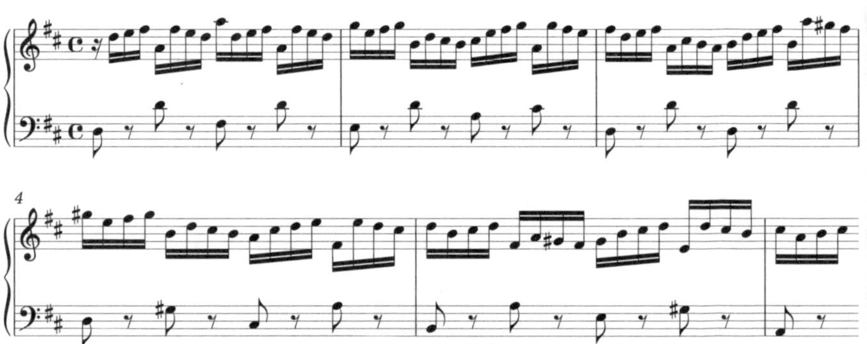

Johann Sebastian Bach, *Das Wohltemperierte Klavier*, Teil I, Präludium D-Dur, T. 1–6

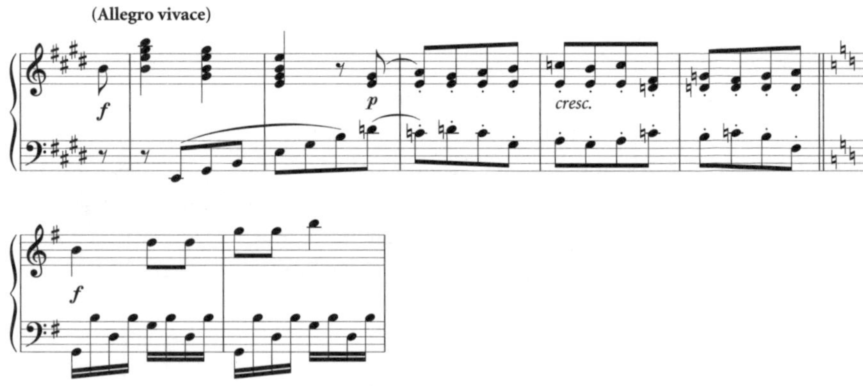

Ludwig van Beethoven, *Rondo a capriccio* op. 129, T. 121–127

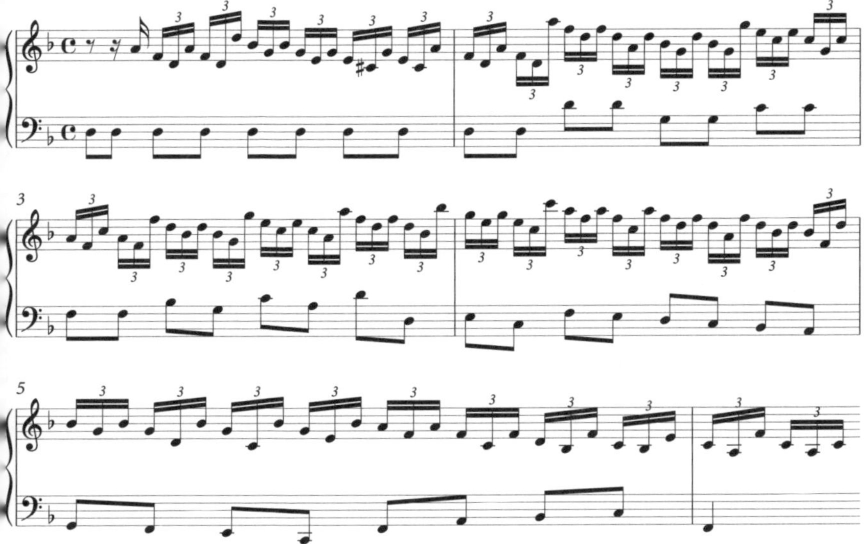

Johann Sebastian Bach, *Das Wohltemperierte Klavier*, Teil I, Präludium d-Moll, T. 1–6

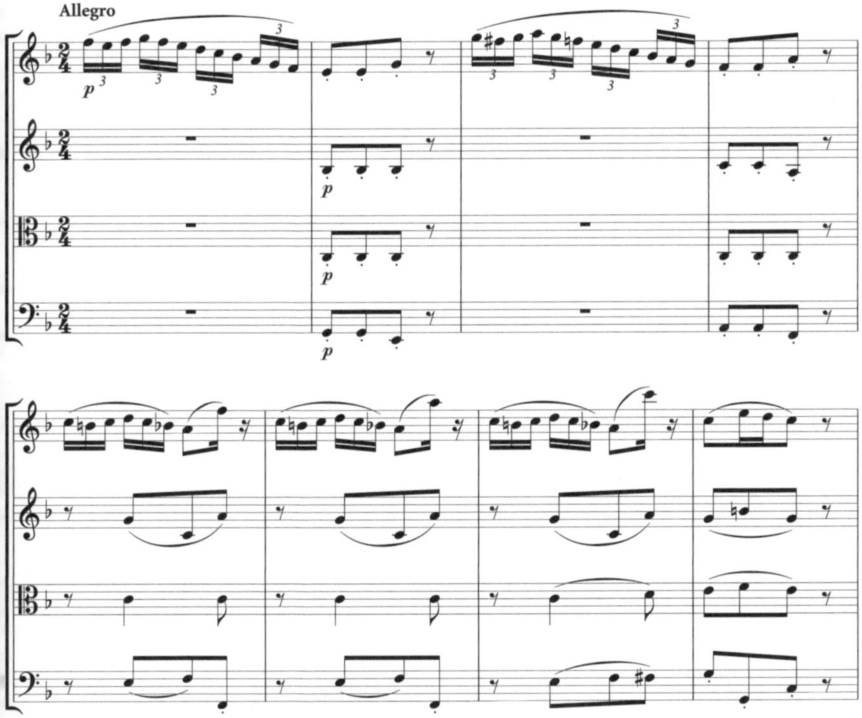

Allegro

Ludwig van Beethoven, Streichquartett F-Dur op. 18 Nr. 1, Finale, T. 1–8

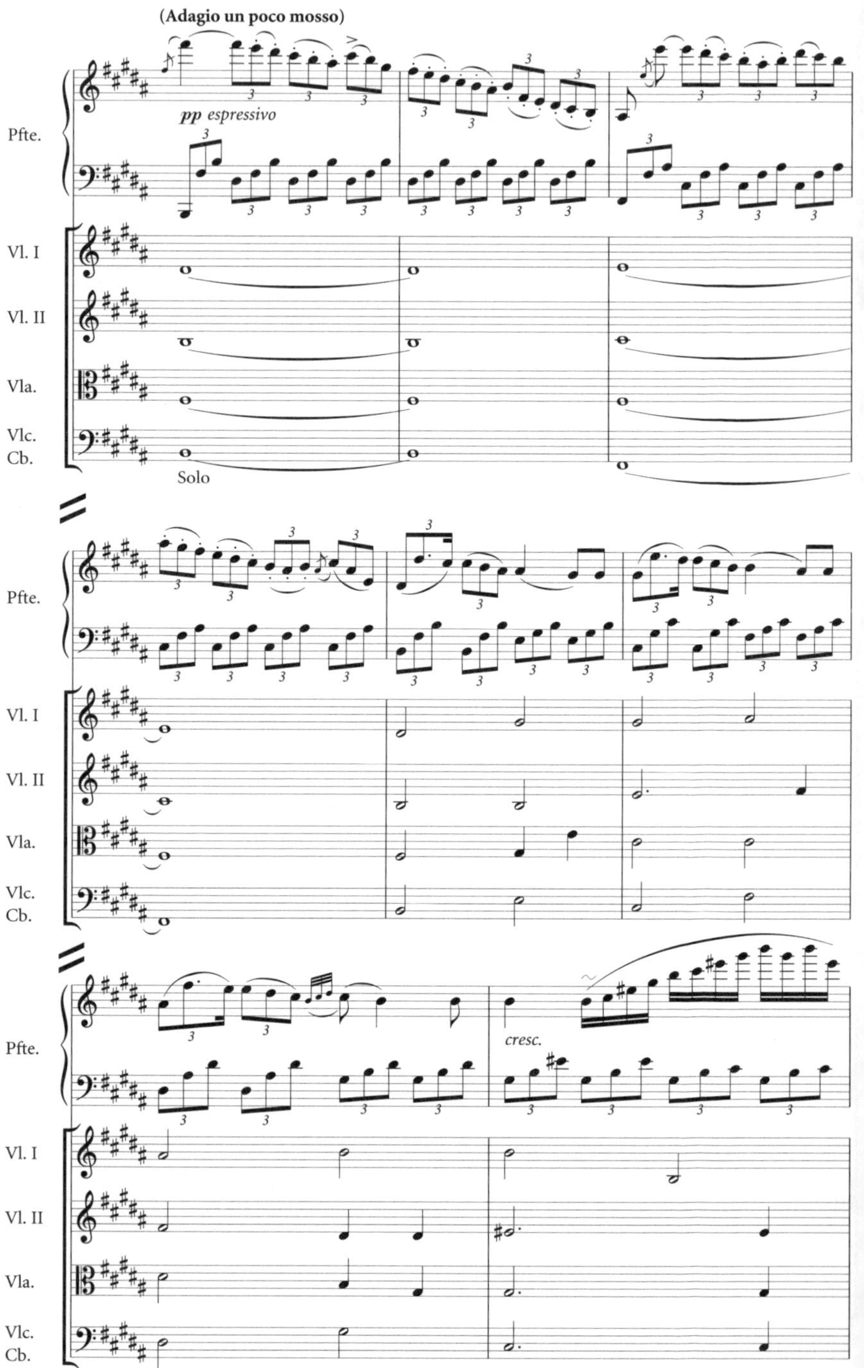
(Adagio un poco mosso)
pp espressivo
Pfte.
Vl. I
Vl. II
Vla.
Vlc.
Cb.
Solo
cresc.

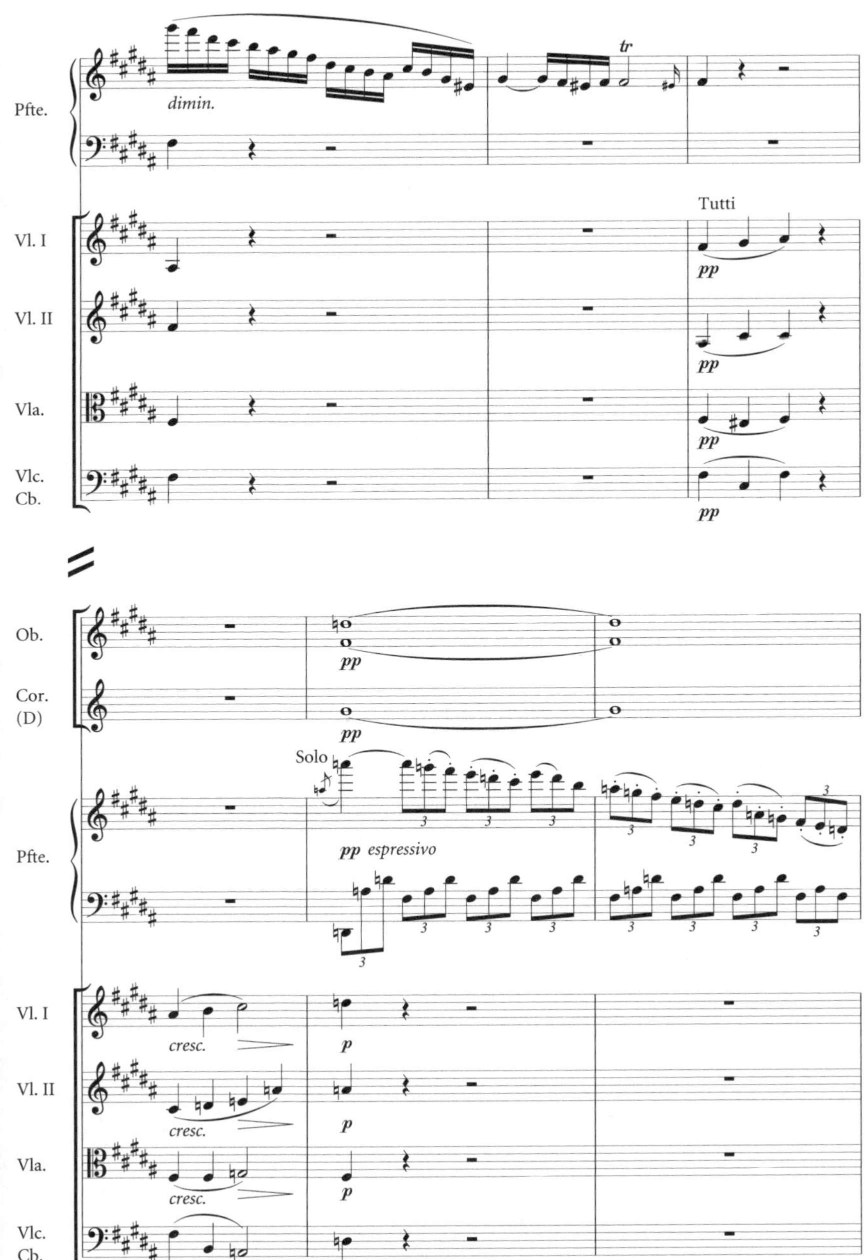

Ludwig van Beethoven, 5. Klavierkonzert, langsamer Satz, T. 16–29

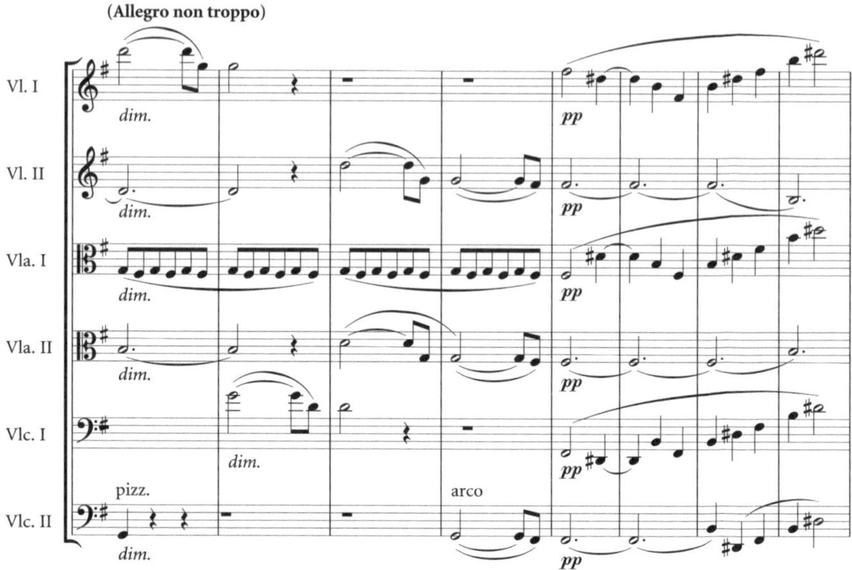

Johannes Brahms, Streichsextett op. 36, erster Satz, T. 29–36

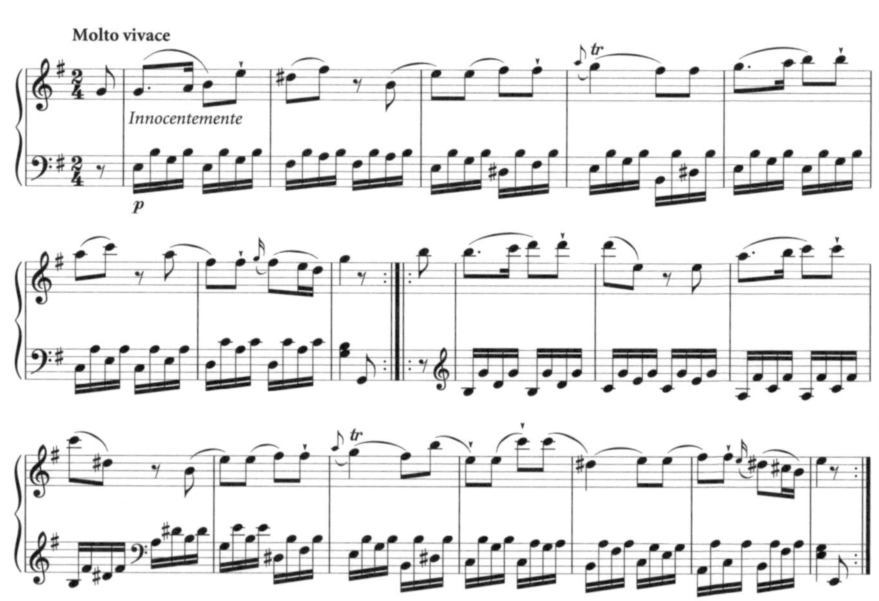

Joseph Haydn, Klaviersonate e-Moll Hob. XVI: 34, Thema des Finales

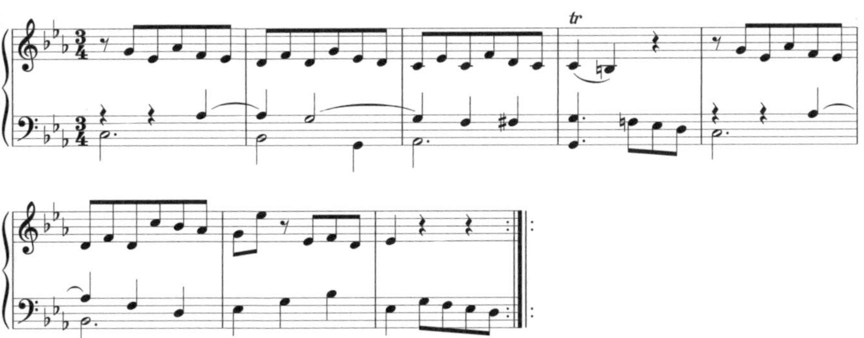

Joseph Haydn, Klaviersonate C-Dur Hob. XVI:10, Trio, T. 1–8

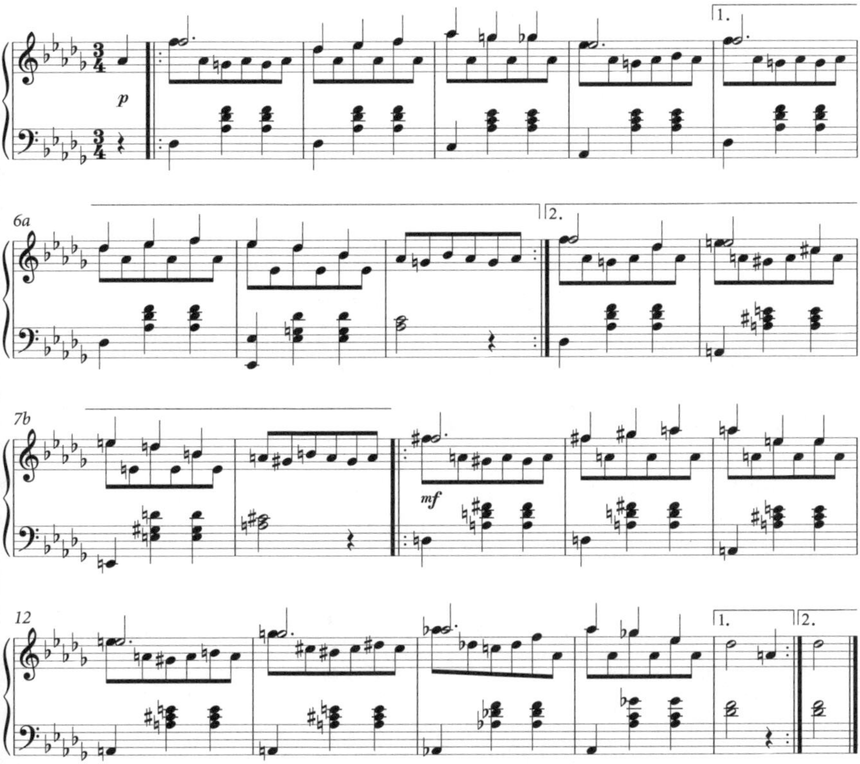

p
1.
6a
2.
7b
mf
12
1.
2.

Franz Schubert, Nr. 14 der Walzer D 365 (op. 9)

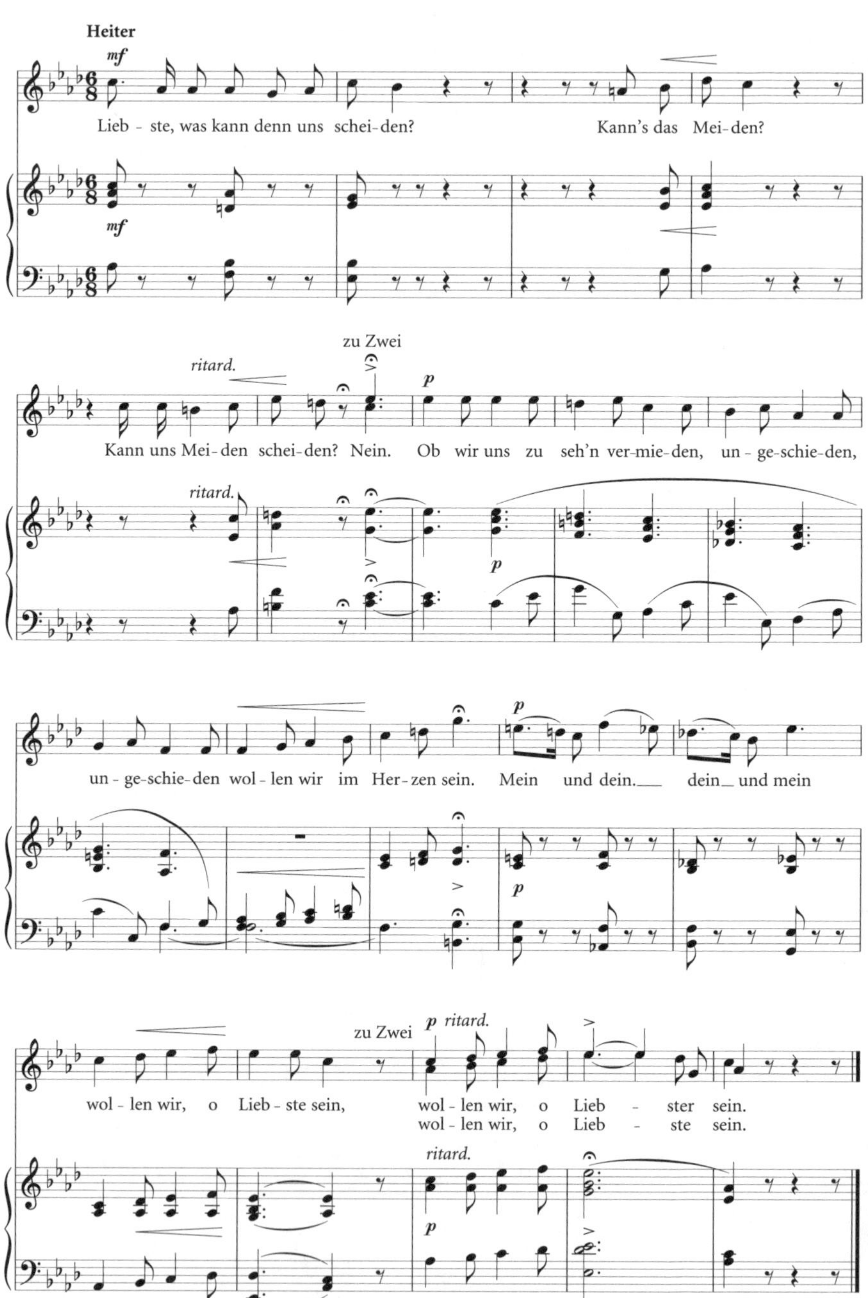

Robert Schumann, *Liebste, was kann denn uns scheiden*, Nr. 6 der *Zwölf Gedichte aus F. Rückerts Liebesfrühling* op. 37

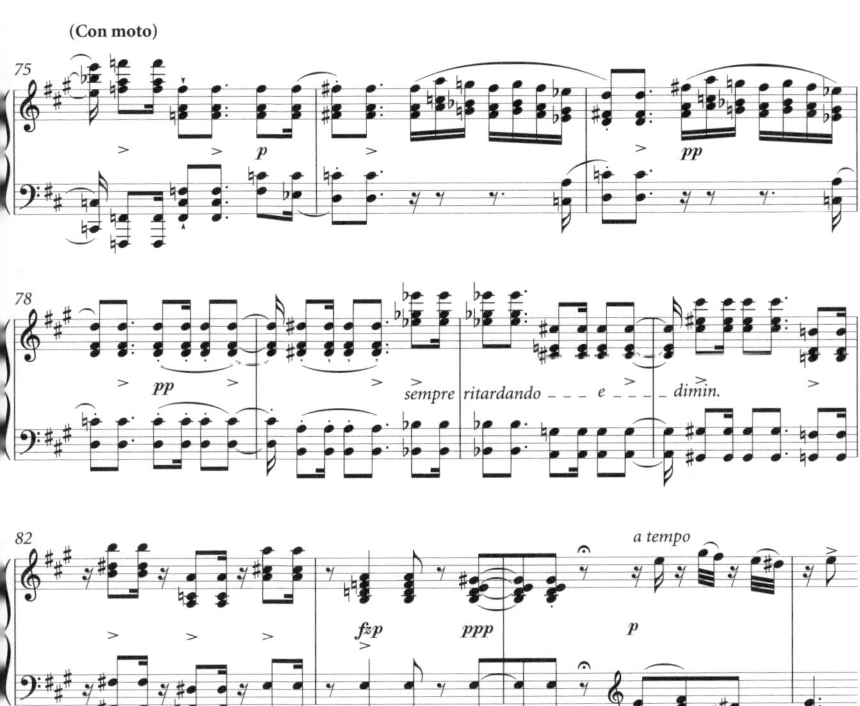

Franz Schubert, Klaviersonate D-Dur D 850 (op. 53), zweiter Satz, T. 75–85

Begriffliches

Aus der Geschichte

Ein Blick in die Begriffsgeschichte ist faszinierend, weil Begriffe Auskunft geben über das musikalische Denken der Vergangenheit und so Gegenwärtiges besser verstehen helfen.

Johann Mattheson (1739, S. 293) unterscheidet fünf Bedeutungen von »Modulation«, die aus späterer historischer Sicht frappieren:

- Die »Art und Weise« einer Ausführung von Musik (das sei die »alte Bedeutung«)
- Das Bleiben (!) in einer Tonart
- Das Heraus- und wieder Hineingehen in eine Tonart
- Das angemessene Setzen einer Melodie
- Und die Beigabe eines »Angenehmen« und »Anständigen« zu einem Satz

Bei einer solchen, teils in sich widersprüchlichen Menge an Definitionen ist sich Mattheson selbst nicht ganz sicher: »Man verstehe nun«, sagt er, »unter dem wichtigen Worte Modulation, was man wolle« …

In der zweiten Hälfte des 18. Jahrhunderts beginnen sich die Dinge zu klären. Friedrich Wilhelm Marpurg (1753, S. 99) schreibt, »die Ausweichung aus einem Ton in den andern heißt eine Tonwechselung oder Modulation«. Allerdings fügt er hinzu, darin Mattheson ähnlich, dass »Modulation« auch die Art meine, wie eine Melodie geführt wird. Bemerkenswert sind zwei Sätze Marpurgs:

> »Wenn man aus dem Cdur ins Cmoll geht«, geschieht das, »wenn man den Ausdruck verwechseln, und von einer muntern zu einer traurigen oder umgekehrt von einer traurigen zu einer muntern Melodie übergehen will.«
>
> Aber eine »Modulation in diesem Verstande [findet] nicht bey der Fuge statt, sondern in andern Arten musikalischer Compositionen, als in Chaconnen, Passacaillen, und öfters zwey aufeinander folgenden Arien, Gavotten, Menuetten, und dergleichen.«

Marpurgs Bemerkung klingt harmlos, enthält aber zwei zentrale Gedanken: dass die Art der Modulation von der *Art* einer Musik abhängt und dass sie einen bestimmten *Ausdruck* hat.

Johann Philipp Kirnberger (1776, S. 103) spricht in einem immerhin dreißigseitigen Kapitel »Von der Modulation« nur noch über Harmonisches. »Modulation« und »Ausweichung« verwendet er, wie Marpurg, in gleicher Bedeutung:

> »[…] die Harmonie aus dem Hauptone nach und nach in andere Töne herüber zu führen, und zuletzt wieder in den Hauptton zurück zu bringen«.

Auch für Heinrich Christoph Koch (1787, S. 104) meinen *Tonausweichung* und *Modulation* dasselbe: die »Ausweichung eines Tones in einen andern Ton«. Nachdrücklich verweist Koch auf die »ästhetische Kraft« von Tonausweichungen, auf deren »Ausdruck und Stärke«, auf ihre Eignung zur »fühlbaren Darstellung« von Texten.

Kochs Lexikon (1802) definiert *Modulation* (wie schon Mattheson) »im weitern Sinne« als *Tonführung*, als die »schickliche und mannigfaltige Verbindung« von Tönen, und »insbesondere« als *Tonausweichung*, als den Gang in andere Tonarten und die Rückkehr zur Haupttonart. Die Häufigkeit und Entfernung von Ausweichungen hänge ab von »Umfang und Art des Satzes« sowie von der »im Satze herrschenden Empfindung«.

Die flüchtige historische Skizze führt zu grundlegenden Erkenntnissen:

▸ Die alten Autoren haben ganz modern gedacht: Die jeweilige Modulation ist abhängig von Art, Umfang und Charakter der jeweiligen Musik.

Anders gesagt: Nicht alles taugt für alles. Es gibt nicht »die« Modulation. Die Konzentration und wuchtige Entschiedenheit in der dramatischen c-Moll-Sonate Mozarts (Beispiel S. 23) sind grundverschieden von der Ausbreitung und Gelassenheit in der spielerischen C-Dur-Sonate Haydns (Beispiel S. 21).

▸ *(Ton-)Ausweichung* und *Modulation* werden bis weit in das 19. Jahrhundert hinein synonym gebraucht.

▸ Lange gehalten hat sich »Modulation« im allgemeinen Sinne einer melodischen Setzkunst. Erst allmählich, definitiv im 19. Jahrhundert, verengte sich »Modulation« auf einen harmonischen Sachverhalt. Darin zeigt sich einerseits ein Wachsen des harmonischen (statt linearen) Denkens und andererseits der besondere Rang von Wechseln tonartlicher Ebenen.

▸ Ästhetisches bildet die Kehrseite von Kompositionstechnischem. Modulationen sind nicht einfach »Tonartenwechsel«. Sie sind – vgl. dazu die Zitate auf S. 12f. – ein Spiegel der in einem Satz herrschenden *Affekte*. Sie erfüllen, da gebunden an formale Situationen, eine *formale* Funktion (alle Beispiele in diesem Buch belegen das); sie können eine *rhetorische* Bedeutung haben (zum Beispiel in Bachs Crucifixus, S. 52); und sie haben oft eine *dramaturgische* Idee (zum Beispiel in Bruckners 9. Sinfonie, S. 54). Ausdruck, Formbildung, musikalisches Sprechen, dramaturgischer Sinn greifen aber meist derart ineinander, dass ihre Isolierung musikalisch verfehlt wäre: In Beethovens 5. Sinfonie, langsamer Satz (S. 63) oder Schuberts C-Dur-Sinfonie (S. 75) verschränken sie sich ebenso wie in Hugo Wolfs Lied (S. 80f.) oder Schütz' Psalm (S. 86ff.).

▸ Das 18. Jahrhundert verstand die Rückkehr in den »Hauptton« als einen Teil von Modulation, während spätere Sichtweisen das »weg von« herausstellen: Was früher an tonaler Einheit vorgestellt wurde, wich mehr und mehr einer harmonischen Weitung und Auflösung. In Musik, die nicht mehr (oder auf der anderen historischen Seite: noch nicht) in einer Tonart steht, werden der Begriff und die Sache »Modulation« gegenstandslos.

Ausweichung und Modulation?

Johann Philipp Kirnberger (1776, S. 104) schreibt in seinem Kapitel »Von der Modulation«:

> »Man hat in Absicht auf die Modulation drey Hauptpunkte zu wißen nöthig, 1) in was für Töne man aus jedem gegebenen Ton ausweichen könne, 2) wie lange man sich in dem neuen Tone aufhalten könne, [3)] wie die Ausweichung zu veranstalten und zu vollenden sey.«

Kirnbergers Punkte 1 und 3 – das Ziel und der Weg – verstehen sich von selbst. Interessant ist jedoch sein zweiter »Hauptpunkt«: die zeitliche Dauer der neuen Tonart. Heinrich Christoph Koch (1787, S. 188ff.) unterschied noch *innerhalb* einer Ausweichung zwischen *zufälliger* (dem gelegentlichen Einsatz leiterfremder Töne), *durchgehender* (dem bloßen Streifen anderer Tonarten) und *förmlicher Ausweichung* (dem Vollzug eines Tonartenwechsels).

Das 19. Jahrhundert wollte die unterschiedliche Ausdehnung mit verschiedenen Worten fassen. Adolf Bernhard Marx (1837, S. 183) übernimmt dafür Begriffe des 18. Jahrhunderts, gibt ihnen aber eine andere Bedeutung: Marx unterscheidet *Ausweichung* (ein »beiläufiges« Erreichen von Tonarten) und *Übergang* (»für immer oder auf längere Zeit«): »Ausweichung«, früher das Ganze, wird nun zu einer *Art* von Modulation.

»Übergang« hat sich als Gegenbegriff nicht durchgesetzt. Eingebürgert im späten 19. Jahrhundert haben sich »Ausweichung« für einen kurzfristigen und »Modulation« für einen langfristigen Wechsel von Tonarten. Die Unterscheidung aber ist problematisch, weil »Dauer« eine variable Größe ist: Ab welcher Länge gilt welcher Begriff?

Sogar bei Chorälen, für deren Zeilenenden gern von »Ausweichung« gesprochen wird, gerät man in Zweifel. Dieser Choral Bachs

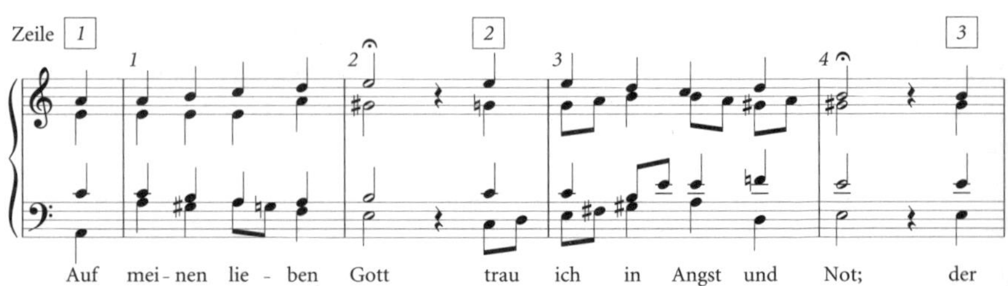

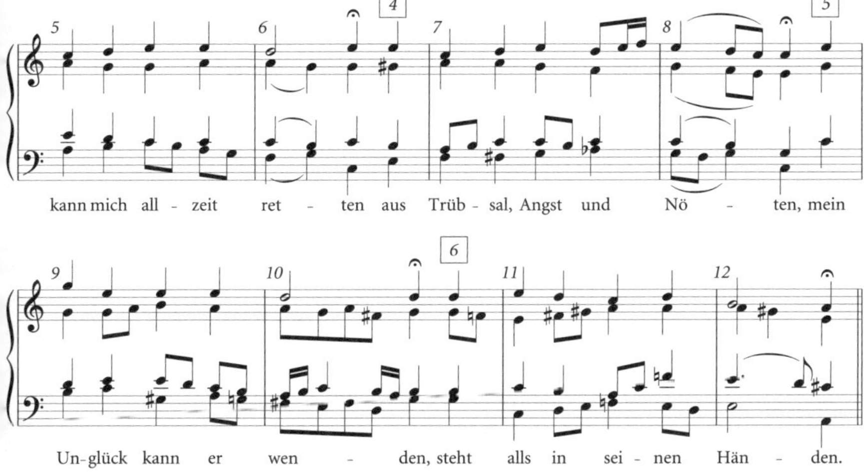

steht in a-Moll. Er umfasst zwölf Takte aus sechs Zweitaktern. Choralzeile 1 und 2 enden mit einem (phrygischen) Halbschluss. Zeile 3 wendet sich zur Durparallele C-Dur und bestätigt sie mit Kadenz. Zeile 4 kadenziert erneut in C-Dur. Zeile 5 endet in G-Dur, offenbar als Halbschluss in C-Dur. Die Schlusszeile führt nach a-Moll zurück. Die Harmonik ist völlig ausbalanciert: Von den sechs Zweitaktern stehen drei in a, drei in C; und der a-Moll-Klang kommt siebenmal, der C-Dur-Klang achtmal vor. Sicherlich hängt die Gewichtung des »hellen« C-Dur ebenso mit dem Text zusammen wie die plötzliche Chromatik im Bass in T. 7. Macht es aber bei einer derartigen Verteilung Sinn, von »Ausweichungen« zu reden?

Mein Vorschlag ist, generell den Begriff »Modulation« zu benutzen und auf »Ausweichung« zu verzichten: Die Dauer der neuen Tonart ist kein zentrales Kriterium, sondern das Verlassen der alten Tonart. Allerdings gibt es so etwas wie ein zeitliches Minimum, um sinnvoll von Modulation sprechen zu können: indem eine neue Tonart überhaupt als »Tonart« wahrnehmbar ist. Das aber entzieht sich einer normierenden Festlegung. Und um genau zu sein: Im Grunde – darauf wies schon Christian Möllers (1976, S. 273) hin – wird in durmolltonaler Musik eine Tonart durch eine Modulation niemals definitiv »verlassen«. Sie *bleibt* als Tonika das Zentrum und der harmonische Raum, durch benachbarte oder entferntere Tonarten bereichert und ausgemessen.

Insofern bleibt nur die Möglichkeit einer relativ offenen Definition: »Modulation« ist der – unterschiedlich lang währende – Vorgang tonartlicher Wechsel. Modulation kennt zwei Möglichkeiten: Sie kann neue Tonarten *berühren* – in unterschiedlicher Schnelligkeit und Ausprägung –, und sie kann in neuen Tonarten *verweilen* – in unterschiedlicher Dauer.

Anhang

Modulationsverfahren kurz gefasst (Register)

Das Folgende bündelt in knappster und systematischer Form Verfahren von Modulation. Die Zusammenfassung ist für diejenigen gedacht, die sich schnell orientieren möchten. Darüber hinaus bietet sie sich in mehrfacher Weise an, als:

- ▸ Sachregister: Zahlen verweisen auf Seitenzahlen.
- ▸ Lernstoff: Wie lautet ein harmonischer Bauplan in Barockmusik, wie werden Leittöne eingeführt, welche Sequenztypen eignen sich für … Sachverhalte lassen sich lernen, rekapitulieren, memorieren.
- ▸ Spielvorlage: Die Noten am Ende halten harmonische Formeln fest – der Einfachheit halber als bezifferter Bass –, die in diesem Buch zur Sprache kommen. Attraktiv ist auch diese Möglichkeit: Stichworte (»Erhöhung des Grundtons der S«, »Sextakkordketten« …) musikalisch umzusetzen, *ohne* noch im Buch nachzuschlagen.
- ▸ Aufgabenstellungen: Vielleicht können auch Aufgaben für Unterricht und Prüfungen von der Übersicht profitieren: sich anregen lassen zu reizvollen Mischungen beispielsweise aus Höraufgabe, vorbereitetem Kurzreferat, musikalischer Darstellung, Ad-hoc-Analyse.

Verwendete Funktionszeichen

T = Durtonika
t = Molltonika
Tp = Mollparallele (p) der Durtonika (T)
tP = Durparallele (P) der Molltonika (t)
S = Dursubdominante
s = Mollsubdominante
s^n = Neapolitaner
D = Dominante
D^7 = Dominantseptakkord
D^v = verminderter Septakkord
DD = Doppeldominante (Dominante der D)

Modulationsziele

In Dur:

- Modulation zur D: 11, 14
- Zur DD: 20
- Zur Tp, vorrangig im Barock: 12, 27

In Moll:

- Modulation zur tP: 11, 14
- Zur D der tP: 23
- Zur V. Stufe: 11, 12

Formbildend ist das in der:

- Syntax, bei modulierenden Themen: 14
- Tonart zweiter Themen: 19
- Harmonischen Architektur barocker Sätze: 25

In Dur:

▶ In Funktionen:	T	D	Tp	T
▶ Als Stufen-Nummer:	1	5	6	1

In Moll:

▶ In Funktionen, analog Dur:	t	D/V	tP	t
▶ Als Stufen-Nummer:	1	5	3	1
▶ Bevorzugt aber:	1	3	5 (4)	1

Abgebildete Musikbeispiele – Modulationen:

- Zur D: 8, 14, 15, 20, 21, 25, 34, 36, 37, 40, 42, 44, 46, 48
- Zur DD: 21, 37
- Zur Tp: 53
- Durch Moll in Dur: 68, 69
- Zu Medianten: 54, 71, 72, 74, 76, 83, 84, 92, 93
- Zur tP: 14, 16, 17, 23, 29, 32, 37, 42, 44, 90
- Zur D der tP: 24
- Zur V. Stufe in Moll: 16, 31, 37, 42

Einführung des Leittons

Durch chromatischen Schritt im Bass: 16, 20

- Ein Standard der Klassik: Erhöhung des Grundtones der S^6: 20

Durch Sprung im Bass: 20

Durch Melodik-Motivik: 20

Im Sinne der Oktavregel (siehe unter »Lineares«): 47

Als »Ausstieg« bei Parallelführungen: 33, 34

Parallelführungen von Stimmen

In Terzen (Dezimen) oder Sexten als Intervallsatz: 31
In Sextakkordketten als Akkordsatz (Fauxbourdon): 33
Die Modulation geschieht durch Einführung des Leittons zur neuen Tonart.

Sequenzen

Fallende Quintschrittsequenz: 38, 47
    In Zwischenspielen (Barock), für T → D / t → tP / t → V: 42
    In Themen: 44, 82, Überleitungen: 44, 45, Mittelteilen: 45
    In Durchführungen: 45
(Fallende Quintschritte ohne Sequenz: 38; Musikbeispiele: 23, 54)
Steigende Quintschrittsequenz: 39
    Steigender Quintschritt (*c-g*) aufwärts (*d-a…*), Musikbeispiele: 40, 67
    Fallender Quintschritt (*g-c*) aufwärts (*a-d…*), Musikbeispiele: 40, 46
(Steigende Quintschritte ohne Sequenz: 38)
Parallelismus
    D-T-Folge von Paralleltonarten: für Moll → Dur und umgekehrt: 29
Terzenreihen
    Eine komplette Folge groß- und kleinterzverwandter Tonarten führt zum Ausgangspunkt zurück. Für Modulationen muss die Folge noch eine Terz weitergehen oder vorher abbrechen oder große und kleine Terzen mischen: 77, 78, 81, 83
Teufelsmühle
    Heißt im 18. Jahrhundert die Sequenz der dreigliedrigen Akkordfolge: verminderter Septakkord / Mollquartsextakkord / Dominantseptakkord über chromatischem Bass: 64

Lineares

Oktavregel
    Die »Oktavregel« des Generalbasses lehrt Harmonisierungen von Tonleitern. Sie ermöglicht Modulationen, z. B. von C nach G mit dem ansteigenden Leiterausschnitt *c-d-e-f-fis-g* oder mit dem fallenden *c-h-a-g*: 47, 55

Chromatik
Chromatische Züge sorgen für lineare Strebung: 52, Musikbeispiele: 46, 47, 54, 83
Unisono
Unisoni können zu verschiedenen Tonarten leiten, je nachdem, wo sie sich wieder in eine Harmonie einklinken: 50
Passus duriusculus
In barocker Rhetorik der Lamentobass, ein chromatischer Gang, meist fallend im Rahmen einer Quarte (*c-h-b-a-as-g*): 34, 52, 55

Harmonische Vermittlungen

T^6 / t^6
Eine Sexte statt Quinte schwächt bei einer Tonika die funktionale Bestimmtheit: In Dur von der Dominante her bzw. in Moll von der Durparallele her wirken T^6 bzw. t^6 subdominantisch: 15
Wird in Moll bei der t^6 die Sexte hochalteriert, wirkt sie als s^6 der V. Stufe: 15
Kadenzverschränkung
Der Schlussakkord einer Kadenz ist zugleich, subdominantisch verstanden, Anfangsakkord der folgenden Kadenz: 40, 45
Moll in Dur
Ein Durakkord wird zum Mollakkord; oder eine Durtonart bringt einen Mollakkord. Das Moll schlägt Brücken zur neuen Tonart: 67
Klangwandlungen
Ein Klang wandelt sich, indem Töne von ihm bleiben, aber andere Bedeutungen erhalten oder indem Töne von ihm wandern: 73

Besondere Akkorde

Der Neapolitaner: 56
Der verminderte Septakkord, bei dem jeder Ton Leitton werden kann: 60, 89, 91
Der übermäßige Quintsext- bzw. übermäßige Sextakkord, die wie ein D^7 klingen: 62
Sie treten als Affekt-Akkorde immer wieder auf, als Modulations-Akkorde werden sie sehr sparsam eingesetzt.

Modulation, ohne zu modulieren

Schnitt

Die Klassik nutzt den Bedeutungswandel von Tönen gern als Schnitt, der eine formale Zäsur harmonisch unterstreicht: 71

Molltonika – Durparallele

Die Klassik stellt die harmonische Ebene der tP oft unvermittelt neben die Ebene der t: 17

Varianttrugschluss

Außer dem üblichen Trugschluss (in Dur wie in Moll mit der VI. Stufe) kann der klanglich auffällige Varianttrugschluss in Dur als neue Tonart gesetzt werden: 70

Formeln

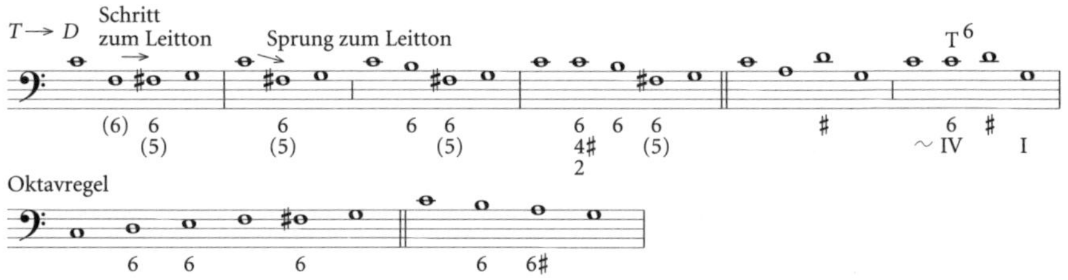

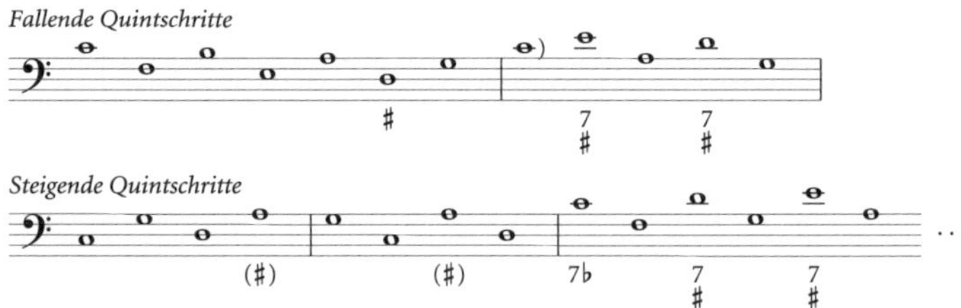

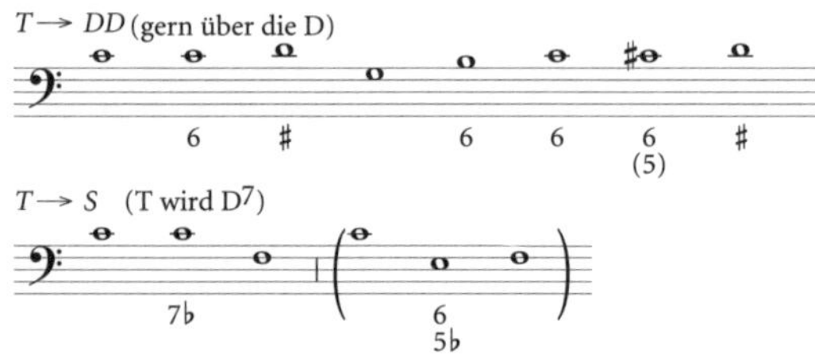

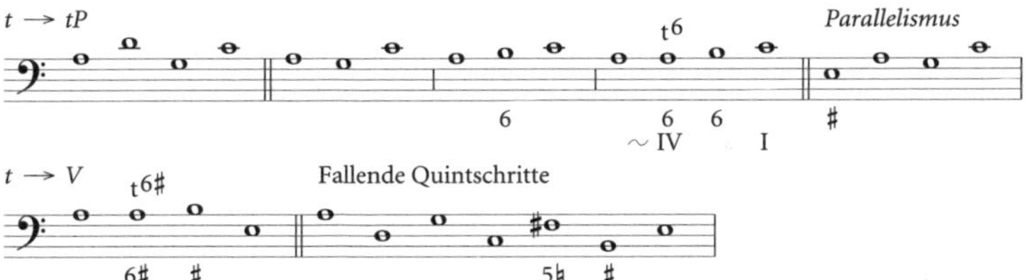

Fauxbourdon / (Grundformen)

chromatischer Lamentobass

6 6 6 6 6 6 6 6 6 6 # 6 6 6 6 #

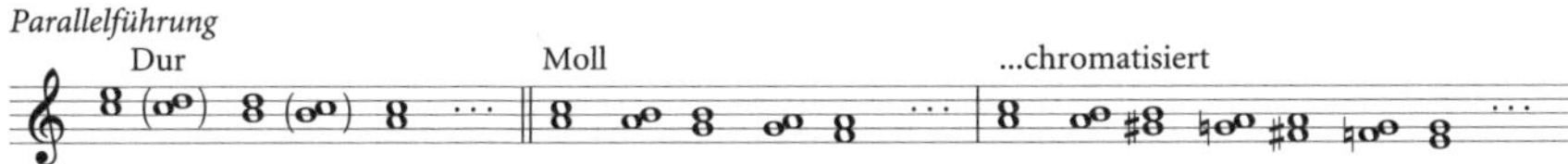

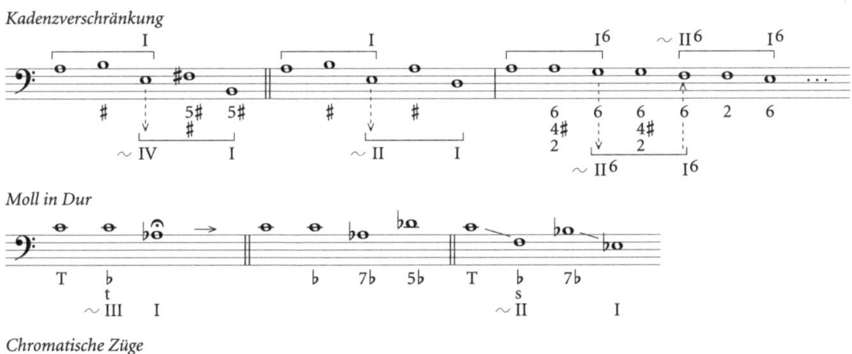

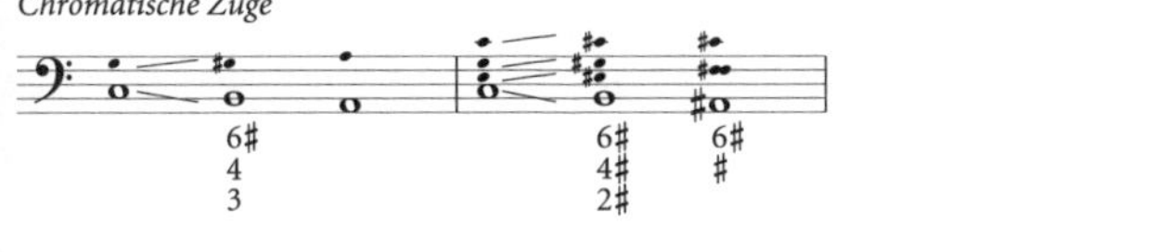

Literatur

Historische Quellen

Johann Mattheson: Der vollkommene Capellmeister, Hamburg 1739 (Studienausgabe im Neusatz des Textes und der Noten, hrsg. von Friederike Ramm, Kassel etc. 1999)

Friedrich Wilhelm Marpurg: Abhandlung von der Fuge. Erster Teil, Berlin 1753 (Reprint, Hildesheim 1970)

Carl Philipp Emanuel Bach: Versuch über die wahre Art das Clavier zu spielen. Zweyter Theil, Berlin 1762 (Taschenbuchreprint mit modern geschlüsselten Notenbeispielen und einem ausführlichen Register, hrsg. von Wolfgang Horn, Kassel 1994)

Johann Philipp Kirnberger: Die Kunst des reinen Satzes in der Musik. Erste Abtheilung, Berlin 1776 (Reprint, Hildesheim 1988)

Heinrich Christoph Koch: Versuch einer Anleitung zur Composition. Zweyter Theil, Leipzig 1787 (Reprint, Hildesheim 1969. Erschienen auch als Studienausgabe im Neusatz des Textes und der Noten, hrsg. von Jo Wilhelm Siebert, Hannover 2007)

Heinrich Christoph Koch: Musikalisches Lexikon, Frankfurt am Main 1802 (Taschenbuchreprint, hrsg. von Nicole Schwindt, Kassel etc. 2001)

Adolf Bernhard Marx: Die Lehre von der musikalischen Komposition. Erster Teil, Leipzig 1837

Leseempfehlungen

Robert J. Crow: Zur Theorie der Modulation. Über die Kluft zwischen dem Systemdenken der modernen Harmonielehre und ihrem Gegenstand. In: Musiktheorie zwischen Historie und Systematik, hrsg. von Ludwig Holtmeier u. a., Augsburg 2004, S. 385–395

Diether de la Motte: Harmonielehre (darin die Kapitel: Modulation, Modulation zum zweiten Thema, Durchführungsmodulation), Kassel 1976

Konstanze Franke: Modulationstheorie und musikalische Wirklichkeit. In: Systeme der Musiktheorie, hrsg. von Clemens Kühn und John Leigh, Dresden 2009, S. 100–111

Dies.: Gedanken zu einer anderen Modulationslehre. In: Zeitschrift der Gesellschaft für Musiktheorie 1 (2010), S. 71–84

Matthias Franke: Modulationslehre im Zwielicht. Plädoyer für einen Neubeginn. In: Musica 2 (1993), S. 74–80

Christian Möllers: Vom Unsinn der Modulationslehre. In: Die Musikforschung 29 (1976), S. 257–273

Eine Zugabe

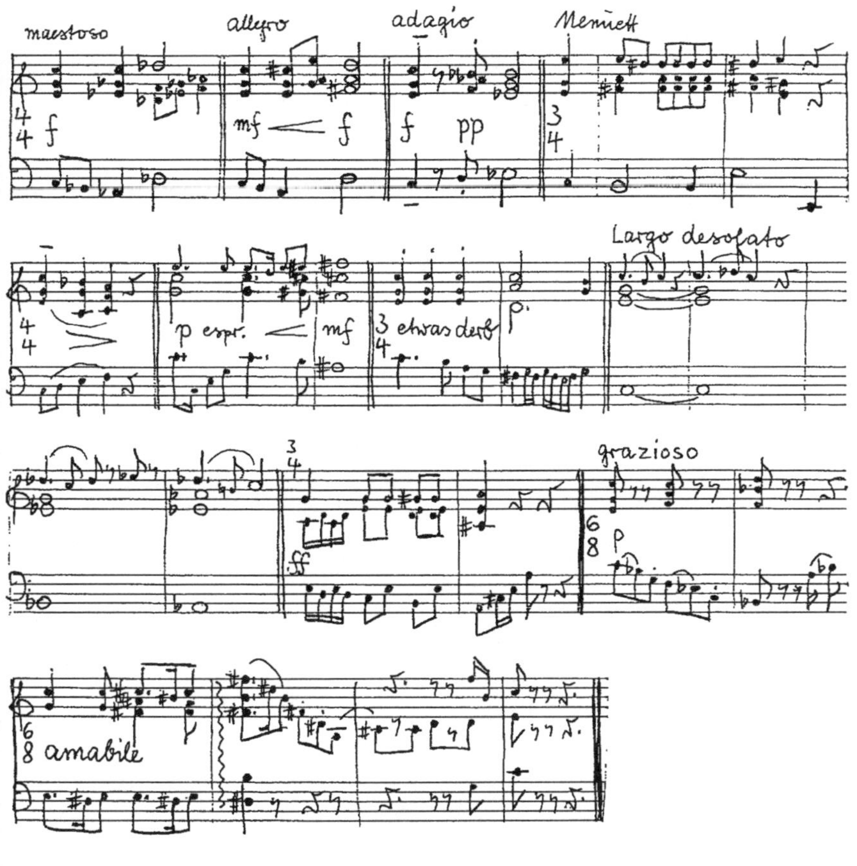

Frühlingsbesuch bei allen Dominantseptakkorden, komponieret von D. Aichholz

Es wird Ende der 1990er-Jahre gewesen sein, dass Diether de la Motte mir dieses Notenblatt schickte, von ihm erdacht, in seiner Handschrift, unterzeichnet als D. Aichholz (de la Motte wohnte damals in Wien in der Aichholzgasse).

Auf so etwas konnte nur er kommen: alle Dominantseptakkorde zu präsentieren, in chromatischer Folge (As^7-A^7-B^7-H^7 …), um mit ihnen von C-Dur aus alle zwölf Zieltonarten zu erreichen, in entsprechend chromatischem Anstieg (Des-D-Es-E …) und mit Rückmodulation nach C-Dur: Am Ende schließt sich der harmonische Kreis. Die Miniaturen leben von dem Grundsatz, in *Charakteren* zu denken: Sie binden den harmonischen Gang jeweils an einen anderen musikalischen Typus.

Für ein Buch über das Modulieren dürfte Diether de la Mottes Kabinettstückchen eine hübsche – und zu Eigenem animierende! – Zugabe sein, die hoffentlich auch den Lesern gefällt, Schmunzeln inbegriffen.

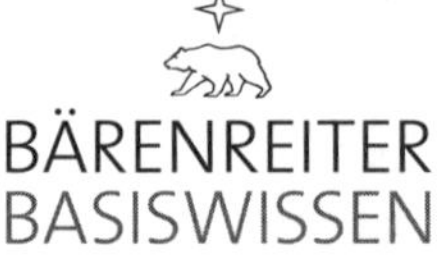

Der Navigator durch die Wissenslandschaft

BÄRENREITER BASISWISSEN

- bietet Orientierung im Meer der Informationen, die Internet, Enzyklopädien und Spezialliteratur bereitstellen
- fasst komplexes Wissen knapp, aber fundiert zusammen
- unterstützt die Prüfungsvorbereitung im Studium
- begleitet den Musikunterricht
- dient der schnellen, elementaren Information für Musikfreunde
- erleichtert das Hören, Lesen und Verstehen von Musik

Die zeitgemäße Hand-Bibliothek im Taschenformat, das »Notebook« für Schüler, Studenten und Wissenshungrige aller Altersklassen.

Hrsg. von
Silke Leopold und
Jutta Schmoll-Barthel

Pro Band ca. 128 Seiten, zweifarbige Innengestaltung; kartoniert

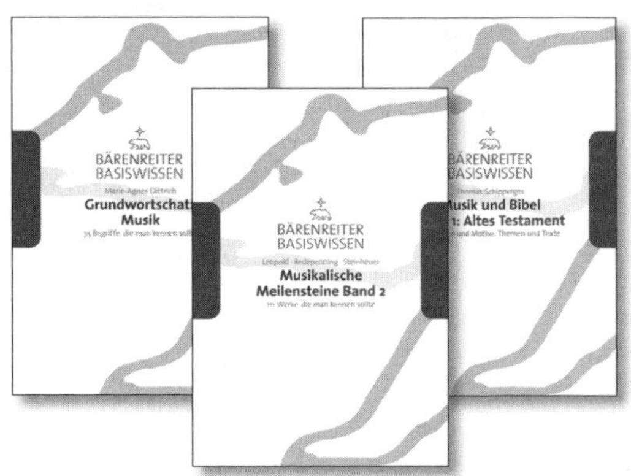

Silke Leopold,
Dorothea Redepenning
Joachim Steinheuer

Musikalische Meilensteine
111 Werke, die man kennen sollte

Band 1
Von Hildegard von Bingens »Ordo virtutum« bis zu Haydns Streichquartett op. 33,1
ISBN 978-3-7618-1942-5

Band 2
Von Mozarts »Dissonanzenquartett« bis Sofia Gubaidulinas »Johannes-Passion«
ISBN 978-3-7618-1943-2

Marie-Agnes Dittrich
Grundwortschatz Musik
55 Begriffe, die man kennen sollte
ISBN 978-3-7618-1941-8

Marie-Agnes Dittrich
Musikalische Formen
20 Möglichkeiten, die man kennen sollte
ISBN 978-3-7618-1949-4

Thomas Schipperges
Musik und Bibel
111 Figuren und Motive, Themen und Texte

Band 1: Altes Testament
ISBN 978-3-7618-1944-9
Band 2: Neues Testament
ISBN 978-3-7618-1945-6

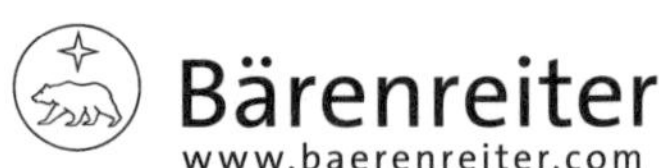